문학/사상

바다정동

12

2025

JN413577

산지니

문학/사상 12
바다정동

초판 1쇄 발행 2025년 10월 31일

발행인 강수걸
편집인 구모룡
편집고문 조갑상
편집위원 강도희 김대성 김만석 정영선
편집장 이소영
펴낸곳 산지니
등록 2005년 2월 7일 제333-3370000251002005000001호
주소 부산시 해운대구 수영강변대로 140 BCC 626호
전화 051-504-7070 | 팩스 051-507-7543
홈페이지 www.sanzinibook.com
전자우편 sanzini@sanzinibook.com
블로그 http://sanzinibook.tistory.com

ISBN 979-11-6861-539-7 03800
ISSN 2765-7167

* 책값은 뒤표지에 있습니다.
* 파본은 구입처에서 교환해드립니다.
* 본지는 2025년 부산광역시, 부산문화재단 〈부산문화예술지원사업〉으로 지원을 받았습니다.

차례

6　　『문학/사상』12호를 내며

Σ 시

11　　밤은 천 개의 눈을 갖고 있다
13　　밤은 천 개의 혀를 갖고 있다
　　　김형술 시인

16　　빛의 혁명
18　　전등사 가는 길
　　　김혜영 시인

20　　녹슨 모자
21　　사람
　　　송재학 시인

23　　없는 것들의 목록
26　　나방인간
　　　유선혜 시인

30　　요양보호사
34　　정자 혹은 정자
　　　채수옥 시인

II 비판-비평

37 바다를 감각하고 사유하는 방법
    구모룡 문학평론가

57 바다라는 미디어: 다른 방식으로 듣기를 연습하는
    동시대 미술
    전솔비 시각문화 연구자

♪ 소설

81 외롭고 고요한
    이정임 소설가

111 콘크리트 벽과 푸닥거리
    조성백 소설가

X 현장-비평

139　궐위(闕位)의 크리틱: 12·3에서 6·3까지의 협로 위에서
　　　윤인로 『신정-정치』 저자

∞ 쟁점-서평

161　끝없이 모색하는 좌표와 마지막 말
　　　: 『최인훈의 아시아』라는 보조선
　　　『최인훈의 아시아』, 장문석
　　　김건우 사회학 연구자

190　곁에
　　　『안녕이라 그랬어』, 김애란
　　　김대성 문학평론가

208　**명예 남성에서 페미니스트로**
　　　『작업장의 페미니즘』, 이현경
　　　장영은 여성문학 연구자

『문학/사상』 12호를 내며

　그동안 우리는 주변부적 가치와 소수자의 문학을 지향하면서 창작과 세계인식의 방법을 쇄신하려는 노력을 해왔다. 중심을 추수하거나 모방하려는 욕망을 경계하는 한편 주변에 매몰되는 맹목 또한 기각해 왔다. 주변에서 중심을 보고 둘의 맥락과 중첩의 양상을 복안으로 인식하면서 나선형의 진전을 얻으려 하였다. 이러한 기획과 방향이 어떠한 성과로 나타나고 있는지 자신 있게 답할 계제는 아니다. 그러함에도 우리 매체가 지닌 특이한 위치를 12호에 이르는 6년의 과정을 통하여 획득하였다고 자부한다.
　갈수록 중심의 권력과 폭력이 가중하고 그 현기증으로 중심은 물론 주변조차 미망에 빠지고 있는 형국이다. 집중과 소멸이라는 양극만 보이는 우리 사회의 현실이 암담하다. 이러한 가운데 상징조작과 동어반복을 거듭하는 비평의 위기가 가속하고 있으며 자기 경배와 자기 전시가 우심하여 문학이 혁신의 계기를 잃고 있다. 관련 사업도 다양하여 더욱 분주해지긴 하였으나 제도와 인적 정체로 인하여 새로운 창의로 나아가는 경우가 부족한 현실이다. 오히려 낭비를 재확인하는 데 이른 사례조차 적지 않다. 이러한 지점에서 우리 역시 반성하면서 매체의 가능성과 잠재력을 확장하는 데 더 많은 공력을 기울이고자 한다. 시인과 작가와 더 자주 만나 생산적인 대화를 지속하면서 창작과 비평에서 새로운 의제들을 열심히 제시할 계획이다.

이번 호의 특집은 '바다정동'이다. 이 주제는 제주와 오키나와를 매개로 해역세계를 다룬 기왕의 논의를 계승하면서 주변부적 시각을 육역이 아니라 해역의 관점으로 옮겨보려는 연습과 연관한다. 바다에서 세상을 보는 일은 전혀 다른 인식론을 전제한다. 연안이 아니라 대양에서 경험과 상상을 전개하는 과정에 대한 탐구가 요긴한데 해양문학을 통하여 어느 정도 접근이 있었다고 생각한다. 하지만 21세기 해양문학에 관한 전망은 여전히 주요한 토론의 대상이다. 컨테이너화와 선박 자동화 이후, 대양에서의 문학적 활동이 어떻게 가능할지에 대한 물음이 필요하기 때문이다. 이러한 과제를 앞에 두고서 바다라는 미디어와 여러 층위와 정동을 먼저 구체적으로 분석하고 해석하고자 하였다. 어떤 의미에서 이번 특집은 문제 제기적이다. 거듭하여 살을 붙여 가야 할 과제이다. 차후에 이번 논의를 보다 구체적으로 심화하는 계기가 있기를 기대한다.

　장문석의 『최인훈의 아시아』를 서평한 글이지만 김건우 선생의 글은 특집과 더불어 읽혀도 좋겠다는 생각을 한다. 해역 아시아와 세계 인식 문제를 두고서 결코 가볍지 않게 논의를 이끌어 준 김건우 선생에게 고맙다는 인사를 전한다. 윤인로 선생이 12·3에서 6·3까지의 궐위의 시공간을 날카롭게 분석하고 설명한 비평을 보내왔다. 우리를 충격한 사태가 역사적이고 구조적인 맥락을 지니며 여전히 진행 중이라는 점에서 그의 글을 통하여 많은 생각의 실마리를 얻을 수 있겠다. 이분법적 대립이나 정파적 입장에 치우침이 없이 우리 사회를 제대로 들여다보는 기회를 거듭 만들 수 있었으면 한다.

　시와 소설을 게재한 김형술, 김혜영, 송재학, 유선혜, 채수옥, 이정임, 조성백 제씨에게 감사한다. 이들 작품을 통하여 매체가 더 풍요로워질 뿐만 아니라 비평과 창작이 손을 잡는 우애의 장을 만들 수 있으리라 믿는다. 이는 김애란의 『안녕이라 그랬어』를 자세히 읽은 김대성 선생과 『작업장의 페미니즘』을 통찰력 있게 읽은 장영은 선생의 서평으로도 보충되는 일이라 생각한다.

　지난해에 편집진의 변동이 있었다. 윤인로 주간이 연구

에 매진하려고 쉬게 되었고 평론가 강도희와 소설가 정영선이 동참하였다. 젊은 비평가의 합류로 활기를 더하였고 중진 소설가의 참여로 지역 작단의 활성화를 도모할 수 있게 되었다. 앞에서 말한 대로 6년을 경과하면서 약간의 기복이 없지 않았으나 관심과 열의가 줄어든 경우를 찾긴 힘들다고 생각한다. 유난히 무더위가 지속한 여름을 보내면서 조금 늦게 12호를 세상에 내어놓는다. 독자 여러분의 질정을 바라며 배전의 각오로 내년을 기약한다.

2025년 가을
편집인 구모룡

Σ 시

밤은 천 개의 눈을 갖고 있다[1]

김형술

　　담쟁이넝쿨 어둠 속으로 은밀하게 촉수를 뻗는다. 하수구 속 생쥐 발걸음 쫓던 길고양이 눈 가늘어진다. 한낮 내내 벽 뒤에 숨어 시들어가던 목숨들 깨우는, 수많은 진로와 퇴로를 숨기고 있는 층층겹겹 부드러운 벽으로 이루어진… 밤, 이라는 말을 입 밖으로 꺼내면 출렁, 흔들리는 길고 부드러운 어둠의 휘장,

　　너머 수많은 눈들 눈뜬다. 꽃의 눈, 뱀의 눈, 천사의 눈, 벽의 눈. 어둠 속에는 내가 외면한 수많은 눈들이 숨어 있다. 무심하게 나를 건너다 보는, 나를 들여다보는, 경멸, 분노, 연민 가득한 시선들에 포위당한다. 도망칠 곳은 없다.

---

[1] 스탠더드 재즈 넘버 〈Night Has a Thousand Eyes〉에서 차용.

가슴에 머리를 묻고 팔로 머리를 감싸고 몸을 웅크려 눈을 감으면

감은 눈 속 빼곡한 눈들, 어둠 속에 둥둥 떠다니는 눈들과 마주친다. 한참 동안 나를 바라보다 이윽고 나를 지나쳐 내 너머를 바라보는 아득한 시선들. 나는 내가 아니다. 한 번도 내가 되지 못했다. 내 것이 아닌 타인의 눈, 타인의 눈빛, 낯선 영혼을 비추는, 영혼을 베는 푸른 칼날들을 숨긴

어둠 속엔 내가 외면하고 지나쳐버린 눈들의 무덤이 있다. 무덤 속에서 죽은 새들이, 나비, 구름들 날아 나온다. 제 이름을 찢으며 묵은 잠을 벗는, 치자꽃 냄새를 풍기는 무덤들. 살아 있다. 산무덤이다. 구름에서 뛰어내린, 구름을 벗어버린, 구름 그림자 위를 걷는 투명한 무덤 속 반드시 직시해야 하는 것들과 결코 보아서는 안 될 것들을 동시에 응시하는 절대자의 눈.

어둠 속에 앉아 천 개의 무덤들과 싸운다. 퇴로는 없다. 등 뒤에서 일어서 내게로 쏟아지는 날카로운 마음들에 가슴을 찔린다. 담쟁이넝쿨 소리 없이 창밖을 지나가고 길고양이 지붕 아래로 뛰어내리면 짙고 깊은 어둠의 바깥으로 걸어 나오는 푸른 새벽달의 눈.

밤은 천 개의 혀를 갖고 있다[1]

김형술

Ⅰ. 종從

나는 내 세 치 혓바닥의 종
굴종은 나의 미덕
나를 던지고 나를 버린 대가로
기꺼이 이 지옥의 주인이 되었으니
뱉지도 삼키지도 못하는
불타는 혓바닥의 일생이 나의 것.

---

1 스탠더드 재즈 넘버 〈Night Has a Thousand Eyes〉에서 차용하여 변용.

Ⅱ. 수면제

입을 벌릴 때마다 노란 부리와 갈퀴 꽥꽥거리며 침묵을 할퀴는 오리 떼 날아 나온다. 모이 활동이 끝나는 저녁이면 어김없이 집으로 돌아오곤 하지만 하나 둘 셋 넷... 세고 또 세어도 돌아오지 않는 아흔여섯 마리의 오리 떼 때문에 잠 못 이루는, 어둠 속 커다랗게 텅텅 빈 사육장.

Ⅲ. 검은 가마우지

혀 없는, 혀를 삼킨, 한 번도 혀를 가지지 못한 물고기를 꿈꾸며 뱃전에서 오래 즐기 위하여 일찌감치 팔아버린 혀, 한 마리의 물고기를 얻기 위하여, 한 조각의 허기를 채우기 위하여 기꺼이 목을 졸라버린, 커다란 부리 가득 뱉지 못하는 혀를 담고 있는 우아한 종족.

Ⅳ. 시모토아 엑시구아(Cymothoa Exigua)[2]

뿔이자 꼬리이며 이빨이기도 한,

---

2 Cymothoa Exigua: 물고기의 혀를 먹고 자라 스스로 물고기의 혀가 되는 기생충.

온몸이 혀,
온몸을 혀로 만들어 버린,
혀를 먹고 자라
숨 막히는 악취로 가득한,
아름답구나 너의 바다.

V. 벽, 새벽

어둠은 늘 벽을 일으켜 세운다. 세상 모든 벽들은 혀를 숨기고 있다. 수많은 혀를 삼킨 벽들 밤새도록 속삭인다. 어깨를 짚고 머리를 쓰다듬는 부드럽고 나직한 어조.

(한 개, 두 개, 수십 개의 갈래를 가진, 입속 가득한 혀들을 뱉지 못한 채 맞이하는 묵언수행의 새벽, 누가 내 몸속에 이리 커다란 혀를 심어 놓았나)

김형술
경남 진해 출생. 1992년 《현대문학》 등단. 시집 『사이키, 사이키델릭』 외 다수, 산문집 『구름 속의 도서관』 외 다수.

빛의 혁명

김혜영

우주 끝까지 날아가는 빛의 속도를
계산하던 수학자가 잠이 들었다

언어가 끊어지고
수학 기호도 적절하지 않아
수학자는 그냥 낙서를 그렸다

빛이 갑자기 사라지는 공간—
어둠만 가득한 서재에서
수학자는 먼지가 묻은 안경을 닦았다

차원이 달라지면 설명이 가능할 거야
이상한 비행 물체가 추락한 듯

소나무가 일제히 절단된 숲의 사진을
그는 세밀하게 관찰한다

순식간에 시공간을 초월하는
둥근 비행물체를 감추는 중국 정부는
끝없는 의심을 불러오고

빛의 혁명은 어디서 오는가
촛불을 켜고 광장을 지킨 사람들이
자유라는 언어를 속삭였다

눈 내리는 광장에서
밤새도록 구호를 외친 소녀들은
녹지 않는 눈사람이 되었다

눈사람의 어깨를 살포시 안아주는
소년의 눈이 반짝였다
이상한 비행물체는 멀리서 지켜보더니
우주로 사라졌다

전등사 가는 길

김혜영

등불을 켜는 마음은 시간을 잊게 하지요
당신이 오시는 밤길을 비추는
내 마음은 천년도 길지 않지요

옥으로 만든 전등사 법등에는
고려 충렬왕의 사랑을 받지 못한
정화궁주의 마음이 서려 있지요

원나라 제국의 대장공주의 위세에 밀려
비로 강등된 정화궁주가 켠 등불이
역사의 긴 성벽을 건너옵니다

몽고 기마병들이 쳐들어왔을 때

강화도로 들어간 최우 장군은
마니산 참성단에서 단군에게 제사를 지냈을까

정복만이 살 길이었을까
한겨울에 몽고 병사들을 피해 떠돌던
고려 유민들의 발바닥에 맺힌 핏방울

빈 터만 남은 고려 궁터에
새로 지은 외규장각 건물 안에
조선왕실의 의궤 모형이 전시되어 있다

제국주의의 욕망은 강화도에 흔적을 남기고
약탈이라는 오명도 남기고
전등사는 슬픈 이야기를 들려준다

맨몸으로 싸운 강화도의 백성들은
어디서 환생을 했을까
등불은 먼 달빛처럼 걸어오고

김혜영
1997년에 《현대시》로 등단하여, 시인과 평론가로서 활동을 하고 있다. 시집은 『거울은 천 개의 귀를 연다』, 『프로이트를 읽는 오전』, 『다정한 사물들』을 출간했고, 평론집은 『메두사의 거울』, 『분열된 주체와 무의식』이 있다. 문예지와 신문에 쓴 칼럼 등을 모은 산문집인 『아나키스트의 애인』, 『천사를 만나는 비밀』이 있다.

녹슨 모자

송재학

피를 흘릴 기미였는데, 핏자국은 씻은 듯 보이지 않고, 피의 반체제를 꿈꾸고 있으니, 참새이기 전에 먼저 심장이라고 지레짐작해 봄, 저 사소한 몸 안에 새를 닮은 말랑말랑하고 섬세한 기계가 있다는 세계 1과 납작한 것은 없다는 세계 2, 여기가 어딘가 살피면서 짧고 단단한 부리로 이것저것 쪼아보는데 주먹으로 움켜쥐기 전에, 이미 두근거려서 내부일 수 없는 박동이라네 경쾌한 녹슨 모자[1] 아래 지금 이식을 기다리는 검붉은 어떤 심장과도 다르지 않을 아름다움

---

1 북아메리카 조류 식별 지침인 오듀본 조류가이드에서 참새에 대한 'Chipping and other rusty-capped sparrows'라는 공식적인 표현이 있다.

사람

송재학

수수(几几)[1]는 사람이면서 오래된 병의 이름이다 수수는 짧은 깃털을 가진 새의 날갯짓에서 가져온 문자인데 뒷목이 뻣뻣해 위를 쳐다보지 못하는 증상이다 무릇 낯설고 수줍은 생활을 매일 반복하는 사람이다 낡은 삼베 그늘과 죄의식조차 다르지 않다 얼굴 안에 얼굴을 덧대고 숨어버리는 편향자이다 어떤 사람과 닮았을까 염유어(冉遺魚) 산예(狻猊) 만만(鰻鰻) 따위의 상고 짐승을 탐구하여 자신의 희로애락과 비교한다 사용하지 않은 방언을 익혀서 정념의 어휘를 무제한 기록한다 수수는 소리족(族)이기에 종종 세상의 귀에 머물면서 기이한 소리를 채집 중이다 늙을수록 흰 털이 검어지면서, 생은 점차 감정에서 서사 중심으로 바뀐다 일생을 치

---

1 중국 후한의 의학서적 상한론(傷寒論)에 기록된 병명.

료해도 쉬이 낫지 않는 긴(緊)이며 견(犬)의 끈을 등과 목에 매달았다 내쉬는 숨은 많고 들이마시는 숨은 적다 부끄러운 수수의 가계도에서 누군가를 찾는다면, 냉큼 나를 먼저 가리킬 수 있다

송재학

1955년 경북 영천 출생. 경북대학교 졸업. 1986년 계간 《세계의 문학》을 통해 등단했으며, 시집으로는 『얼음시집』, 『살레시오네 집』, 『푸른빛과 싸우다』, 『그가 내 얼굴을 만지네』, 『기억들』, 『진흙얼굴』, 『내간체를 얻다』, 『날짜들』, 『검은색』, 『슬프다 풀 끗헤 이슬』, 『아침이 부탁했다, 결혼식을』, 『슴이거나 스페인』 등이 있다.

없는 것들의 목록

유선혜

빈 종이가 보인다.

이 방에 없는 것들의 목록을 적자. 나방인간은 종이가 가득 찰 것이라 생각한다. 방에는 남은 것이 거의 없으므로. 나방인간은 방에 남아 있으므로. 종이에는 거의 모든 것을 적을 수 있다. 거의 모든 것의 목록은 무한하다. 나방인간을 제외한 모든 것에 대해 쓸 수 있는 방. 그건 자유로운 일이지.

자신에 대해 쓰지 않기.
완전한 자유네. 완전한 쓰기지.

나방인간은 쓴다.

다시 해보려는 마음
힘, 몸과 마음의 움직임, 일어나기
자장가, 인간과 인간 사이의 경계, 안전한 품
건실한 계획, 은근하거나 노골적인 희망
히로인
정교한 복선과 안정적인 플롯, 숱한 응시
여운, 명료한 정신, 자연
합리적인 자기객관화와 병리적인 자아분리감 사이의 균형
신뢰할 수 없는 서술자 혹은 유기적인 화자
감동, 천연의 빛
비누 향기, 유기농의 연애
투명한 입김, 리셋 버튼,
인간……

인간?
방 밖에 나를 기다리는 인간이 있었던 것 같다.
문밖으로 손을 잡아끌던 인간의 뒤에서는
빛이

쏟아졌던 것도 같다.

눈이 부시면 숨고 싶다. 나방인간은 종이를 뒤집는다. 숨고 싶어. 여기 없는 모든 것들의 목록이, 내 삶에서 퇴장한, 모든 사람과, 보고 싶은 마음과, 죽이고 싶은 마음, 퍼지는 잉크 자국이, 뒷장에 비친다.

나방인간은 종이에 자신의 이름을 적는다.
이 목록은 완벽한 실패군. 나방인간은 방 안에 있으므로. 나방인간은 나방인간에 관한 생각을 멈출 수 없으므로. 그날부터 나방인간은 한 문장도 쓰지 않는다.

나방인간

유선혜

너는 모르지
내가 날개를 찢어 죽인 나방의 목록을
수천 페이지가 넘도록 이어지는 살육의 역사를

왜 누에나방은 귀엽고 크리토노토스 갠지스 나방은 혐오스러울까?

징그러운 모든 벌레가 해충인 것은 아니다
건전하고 이로운 모든 행위가 썩 달갑지는 않은 것처럼
엄마 안에서 지문이 부풀어 오를 때까지 손가락을 빨며 비명을 참는 자세는 5번 척추에 나쁘고 당신의 품에서 웅크리고 태몽을 꾸는 자세는 4번 척추에 나쁩니다

삶을 방치하는 마음으로 나를 내버려둔 시간 동안
방에서 알을 까던 초파리들에게
나는 감사했다
곁에 있어 줘서…… 고마워요

그 방에서 일어났던 나와 나방 사이의 이종교배와
끝도 없이 알을 찢고 나와 날개를 말리던
나방인간들을
너는 모르지

내가 낳은 나방인간들은
포르말린 속에 곤히 잠들어 있다
털이 난 손가락을 입에 물고

엄마, 엄마, 나 좀 살려줘, 응?
얘야, 네가 저지른 삶은 네가 치워야지

나는 네가 열어본 적 없는 변기에 살았다
위트 있게 역류하는
나의 밑바닥이

거울에 반사되던 몸이

나를 얼마나 죽고 싶게 만들었는지
너는 모르지?

방사통이 퍼진다
척추 사이의 디스크가
낡은 뼈 사이에서 고요히 잉태되어 온 얼룩과 곰팡이가
꾸역꾸역 온몸의 구멍으로 밀려 나오려 할 때마다
나는 일기를 썼다

너는 죽어도 나를 모를 것
시린 사타구니와 감각이 없는 허벅지와 저릿한 발목을 모를 것
우리는 죽어도 같은 곳으로 가지는 않을 것 같은 동물로 태어나지 못할 것

망해버린 하루를 글자로 박제하는 것처럼
내 입에 락스를 붓는 심정으로
나는 나방을 죽였고

너는 나방인간이 아름답다고 했다
부드러운 날개를 말리고 더듬이를 알맞게 자르고 핀으로 몸통을 찔러 코르크에 고정하고 그리하여 나비와 구분할

수 없는 나방들을

　　　가지런히 사후 경직된 표본들을

　　　만든 사람이 누군지

　　　너는 모르니까

　　　나는 감사했다
　　　나를 견뎌줘서…… 고마워요

유선혜
1998년 서울 출생. 서울대학교에서 철학을 전공했다. 2022년《현대문학》시 부문 신인추천을 통해 작품 활동을 시작했다. 시집으로 『사랑과 멸종을 바꿔 읽어보십시오』가 있다.

요양보호사

채수옥

낮잠에서 깬 수요일의 할머니가
김추자의 거짓말을 틀어달라고 했다

거짓말은 확산된다

천천히 내려오는 블라인드에
햇살의 진심이 잘려 나가고
우물 속처럼 깊어지는 실내

수요일의 할머니는 거울을 들여다보며
반복적으로 갸웃거린다

-아가 왜 거기서 보고만 있어

-이리 와서 앉아 봐

-저 노래 참 좋지?

거짓말처럼 소리를 잊은 피아노
거짓말처럼 먼저 죽은 큰딸
거짓말처럼 나이를 먹고

거짓말처럼 낯선 집을 견디느라

수요일의 할머니는 잠들 때까지
유일한 기억으로 남아 있는
악순환의 거짓말을 듣곤 한다

하나의 노래로 둘러싸인 수요일을 빠져나오면
목요일은 공백

금요일의 할아버지는 콩자반을 싫어한다
꽤나 유식한 서재에서

보기에도 너무나 고독한 늙은 책이라는 문장에
돋보기를 대고

한껏 자신을 확대한다

주머니 속 두 개의 호두알을 굴리며
윤달이라서
하늘이 사람을 돌보지 않는 게 분명해

윤달에 죽어야 탈이 없을 텐데

금요일의 할아버지가 흰 밥알을 헤집어
검은 콩알을 골라 낸다

윤달처럼 둥글고
윤달처럼 검은

콩알만 한 우박이 질책하듯 창을 때리고

-설거지는 내가 할 테니
 그만 가보세요

수요일의 할머니와
금요일의 할아버지 사이

입속처럼 조용한 잿빛의 집들이
한동안 멍하니 창밖을 보고 있다

정자 혹은 정자

채수옥

> 해수욕장 정자에 못 박고 텐트 설치…
> 선 넘은 민폐 캠핑족…
> -중앙일보 2025. 08. 18.

움직이지 않도록
날아가지 말라고

마룻바닥에 고정된
네 개의 눈동자 같은 누빔점

아버지의 말씀에 못·박·혀 사는 엄마는
캠핑을 모르는 엄마는

정자亭子에 올라
끝없이 미끄러지듯 달아나는 구름과
거품 물고 달려와 부서지는 파도와
핏빛으로 번지는 노을을

맘껏 본 적 없는 엄마는

아버지의 둘레에서
두 손 넘치도록 받아낸 정자精子들이
첫째 아들이 되고
둘째 아들이 되고
셋째 아들이 되고
넷째 아들이 된

그 둘레를 빙빙 돌며
해수욕을 해본 게 언제인지 까마득한 엄마는

아버지의 헛기침과
아버지의 발소리에 귀 기울이며

정자精子에 대못을 박는
불효막심한 정자들을 돌보고 키워내느라
'해망정'이라는 정자를 가본 적 없는 엄마가

햇빛이 쏟아져 들어오는 여름 식탁 위에서
돋보기를 쓰고 신문을 읽고 있다

채수옥
2002년《실천문학》등단. 시집『오렌지는 슬픔이 아니고』,『덮어놓고 웃었다』외.

II 비판-비평

바다를 감각하고 사유하는 방법

구모룡

1. 대양의 느낌

대양의 느낌은 로맹 롤랑이 프로이트의 「환상의 미래」를 읽고 그에게 보낸 편지에서 비롯하는 개념이다. 프로이트가 말한 답장의 내용은 다음과 같다.

> 종교에 대한 내 견해에는 전적으로 동의하지만, 내가 종교적 감정의 진정한 원천을 정당하게 평가하지 않은 점이 아쉽다고. 그의 말에 따르면, 종교적 감정의 진정한 원천은 어떤 독특한 느낌에 있다. 그 자신은 한시도 이 느낌에서 벗어난 적이 없고, 그 밖에도 많은 사람이 이 느낌을 확인했으며, 수많은 사람들에게 이 느낌이 존재한다고 생각할 수 있다는 것이다. 그는 이 느낌을 '영원'에 대한 감각—한계나 경계

가 없는, 말하자면 '망망대해 같은' 느낌—이라고 부르고 싶어한다. 이 느낌은 신앙상의 교의가 아니라 순전히 주관적인 사실이라고 그는 덧붙인다. 이 느낌은 개인의 불멸을 약속해 주지는 않지만, 종교적 에너지의 원천이다. 여러 교화와 종교 체계는 이 종교적 에너지를 포착하여 각자의 수로로 끌어들이고, 에너지를 고갈시키기도 한다. 모든 신앙과 모든 환상을 거부하는 사람도 이 망망대해 같은 느낌을 갖고 있는 경우에는 자신을 종교적이라고 불러도 좋다는 것이 그의 생각이다. (지그문트 프로이트, 김석희 역,「문명 속의 불만」,『프로이트 전집 15』, 열린 책들, 1997, 242쪽.)

프로이트의「문명 속의 불만」은 로맹 롤랑의 편지에 대한 답변으로 쓰였는데 그는 이 글에서 "나 자신한테서는 이 '망망대해 같은' 느낌을 찾을 수가" 없다고 말하며 이를 외부세계와 자아의 관계 문제로 환원하고 만다. 원래 자아는 모든 것을 포함하고 있지만 나중에 자신한테서 외부 세계를 분리한다는 그의 입장에 따라 대양의 느낌은 분리 이전의 원초적 자아 감각에 속한다고 생각한다. 정신생활 속에서 사람은 원초적 자아 감각과 더불어 더 범위가 좁고 뚜렷한 경계선을 가진 성숙한 자아 감각을 한 쌍으로 가지는데 전자의 내용에 무한함이나 우주와의 유대감 같은 '망망대해 같은 느낌'의 개념이 어울린다고 보았다. 한편으로 프로이트는 로맹 롤랑의 종교적 감정을 인정하면서 이를 현실 자아의 저편에 두는 담론을 구사하고 있다. 인도 철학과 라마크리슈나의 영향을 입은 로맹 롤랑의 신비주의가 프로이트의 과학주의와 완전한 합치를 이루긴 처음부터 힘든 형편이다.

로맹 롤랑에서 발원한 대양의 느낌을 영화와 바다의 문제로 가져온 이는 에리카 발솜이다. 그는 로맹 롤랑과 프로이트의 견해 차이를 주목하면서 종교적 심성이 아니라 외부 세계 전체와 끊임없이 연결되어 있다는 유대감을 가져와서 새롭게 다섯 가지 주제—바다의 자연적 우발성, 해저 촬영의 매력, 연안 노동의 재현, 중간 항로와 불법 이민, 전 세계 해양 순환의 물질성—를 구성한다.(에리카 발솜, 손효정 역, 『대양의 느낌: 영화와 바다』, 현실문화연구, 2024, 12쪽.) 이를 통하여 그는 생태적, 인도주의적, 정치적 위기의 시대에 세계 전체가 속한다는 것이 무엇을 의미하는지에 대한 답을 찾아 바다가 영화에서 재현되어온 역사를 특이한 방식으로 살펴보고자 한다. 이로써 그는 자아의 박탈과 탈인간중심주의의 전망을 얻는 일을 요긴하게 생각한다. 로맹 롤랑의 제안은 실제 너무 심원하여 실감이 결여한다. 무엇보다 "육지를 떠나 대양의 느낌이 주는 유동적인 흐름에 몸을 싣는다는 것은 관점의 급진적인 방향전환을 취하는 것"이라는 생각이 급선무이다. 그만큼 "본질적인 상호의존성과 공동의 취약성"이 너무 도외시되고 망각되는 현실이 문제적이다. 즉 "대양의 느낌에서 갖는 상호연결성의 윤리적 요구"가 인류세로 명명된 시대의 요청이라는 주장이다. 그러니까 그는 사람 사이, 공동체 사이, 인간과 비인간 사이를 연결하는 '바다의 역할'을 탐구하면서 이를 주제와 방법으로 삼자고 제안한다. 이러한 제안은 비단 영화만 아니라 문학에도 매우 시의적절하다.

최후의 인간이 지구에서 사라지는 그날, 바다는 터지는 햇빛 가루 반사하는 모래사장에 엎드려 어깨 들썩이며 혼자서 알몸 그대로 흐느낄 것이다. 접은 팔에 얼굴을 묻은 채, 멀리 휘어지는 해안선에서 부서지는 흰 물결소리처럼 한정 없이 혼자 사람이 없는 순결한 시간을 잠들 것이다. 지구에 사람이 태어나기 이전 야생의 시간을. (허만하, 「최후의 바다」, 『별빛 탄생』, 문학동네, 2025.)

니체가 말한 '최후의 인간'에서 더 나아간 형국이다. 인간과 바다가 유한성과 불멸성으로 마주한다. 푸코는 『말과 사물』을 끝내면서 "인간이 마치 해변의 모래사장에 그려진 얼굴이 파도에 씻기듯 이내 지워지게 되리라고 장담할 수 있다"라는 말로 맺는다.(미셸 푸코, 이광래 역, 『말과 사물』, 민음사, 1987, 440쪽.) 그동안 동일성의 지식으로 배치된 인간이라는 앎이 사라지리라는 예견이다. 허만하의 시편은 푸코의 예감보다 더 충격적인 예언이다. 이 시편이 노경에 힘들여 엮은 시집 『별빛 탄생』의 말미에 놓여 있음을 또한 주목한다. 시인은 단독자가 지각하는 삶의 덧없음을 애써 말하지 않고 인간이라는 유적 존재의 종말을 내다보려 한다. 오히려 "지구에 사람이 태어나기 이전 야생의 시간"에 속한 바다의 숭고에 시적 자아를 투사한다. 이처럼 허만하가 표현하는 대양의 느낌은 로맹 롤랑의 종교보다 미학에 가깝다.

그런데 『바다의 철학』을 쓴 군터 숄츠는 로맹 롤랑이 제안하고 프로이트가 답한 '대양의 느낌'을 거의 지엽으로 언급하며 프로이트가 "바다를 보는 종교적 색채를 띤 감각에 등을 돌리는 태도"를 보였다고 지적한다. 이는 곧 20세기에 들어 바다의 자연 미학이 사라지는 일과 연관되는데 그럴만한 연유가 무엇일까?

18세기와 19세기의 철학은 바다의 미학을 두고 이야기할 모든 중요한 것을 이미 상술하지 않았는가? 또는 대중의 의식이 바다를 컨테이너선의 값싼 항로와 편리한 쓰레기 처리장으로 보는 나머지 더는 숭고하다고 여길 만한 여지가 사라져 버리고 만 게 아닐까? 아마도 관광이나 그림엽서 또는 달력의 사진이 바다를 그저 낯간지러운 상품으로 상업화에 활용한 나머지 우리에게는 진짜 자연을 순수하게 바라볼 여유가 없어져 버린 게 아닐까? 바다의 철저한 오용은 물론

이고 바다를 보는 다분히 감정적인 태도 역시 오늘날 우리가 자연을 보는 관점을 뒤틀어 버린 것은 의심의 여지가 없는 사실이다. (군터 숄츠, 김희상 역, 『바다의 철학』, 이유출판, 2020, 222-223쪽.)

바다가 경탄의 대상에서 그저 바라보이는 풍경이 된 사태에는 기술의 발달이라는 문명의 변화가 도사리고 있다. 이는 조지프 콘래드가 범선 시대에 해양문학의 정점을 찍었다는 지적과 상응한다. 정기선을 지나 컨테이너선을 거쳐 자동화 선박에 이른 지경이다. 대양의 경험이 속도와 돈으로 추상화하고 휘발하고 있다. 기술이 경험을 대체하는 현상은 해양에서도 끊임없이 진전하고 있다. 하지만 이러한 상황일수록 대양의 느낌을 회복하고 바다를 지각하고 사유하는 다양한 경로를 열어가야만 한다. 이 지점에서 로랑스 드빌레르가 말하듯이 "바다를 모르는 사람은 없지만, 제대로 아는 사람은 단 한 명도 없다"라는 지적을 되새기게 된다.(로랑스 드빌레르, 이주영 역, 『모든 삶은 흐른다』, 피카, 2023, 31쪽.) 그의 말처럼 바다는 자신의 모든 걸 내어주고 포용할 것처럼 보이지만 비밀이 가득한 게 사실이다. 더욱 구체적으로 감각하고 탐구하는 과정이 요긴하다.

2. 바다정동

다시 로랑스 드빌레르에 기대면 그는 바다와 대양을 구분할 필요가 없다고 하면서도 그 차이들을 여럿 제시한다.(로랑스 드빌레르, 앞의 책, 39-47쪽.) 첫째, 대륙에 접해 있는 거대한 대양은 태평양, 대서양, 인도양, 북극해라는 이름이 붙어 있고 바다라는 용어는 지중해와 그 주변 지역에 사용하는데 흑해, 에게 해, 아드리아 해, 티레니아 해, 트라키아 해, 크레테 해, 카리브 해, 도버 해협, 홍해, 스코틀랜드 해, 아라비아 해, 동해 등이 해당한다. 둘째, 지구에 흐르는 수백 개의 바다와 대양은 정맥과 동맥에 흐르는 피와 같이 중요하다. 셋째, 대륙은 바다 위에 솟아 있는 섬처럼 보이며 우리가 사는 나라들은 파도가 일렁이는 바다 안에 있는 섬에 불과하다. 넷째, 바다는 대양처럼 무한하게 펼쳐지지 않으며 끝이 있지만 대양은 끝이 없다. 다섯째, 바다는 변화무상하게 여러 얼굴을 보이고 대양은 솔직하게 자신의 패를 숨기지 않는다. 여섯째, 바다와 달리 대양에는 밀물과 썰물이 없어서 뒤로 물러나지도 밀려오지도 않는다. 이처럼 그 경계가 명확하지 않으나 바다와 대양은 속성에서 차이를 발한다.

일 년 열두 달/광안대교가 찾아와서 창문을 두드렸다//비가 와도 예외는 없었다/이 슬픔을 해결해야 해 생각했지만/생각을 끝내기도 전에 또 찾아왔다//집안엔 흘려보내지 못한 눈물이 늘/고여 있었고/눈물 위에 기선이 떠 있었다/매일 같은 시간/광안대교는 다리를 늘어뜨려/창문을 부수려고 했다//집안의 가구들이 물속에서 스크럼을 짰다/그러면 여자는 눈을 감고 옷을 벗고 물속으로 들어설 준비를 했다//눈을 뜨면 어느새 광안대교의 우람한 다리들이/집안에 들어와 있었다//광안대교가 여자의 머리채를 움켜 쥐었다/여자의 몸이 태평양 저 건너편으로 떨어졌다//여자의 영혼이 소금처럼 풀어지고/바다는 한없이 아파했다//밤이 지나 등불이 꺼지면/광안대교는 어느새 창밖에 서 있었다/물속에서 전화벨이 울리고/저녁에 다시 돌아오겠다고 했다//내가 방문을 열자/여자가 욱신거리는 바다 밑 동굴에 앉아/조그만 물고기들을 보살피고 있었다 (김혜순, 「오션 뷰」, 『싱크로나이즈 바다 아네모네』, 난다, 2025.)

어떤 의미에서 '오션 뷰'는 잘못 쓰인 말이다. 바닷가 건축에서 대양이 보일 리 없기 때문이다. "사람들은 먹고 자는 곳에서 물을 보고 소리를 듣고 싶어 한다. 그리고 푸른색을 얻고자 돈을 쏟아 붓는다." '오션 뷰'라는 말의 형성 배경에 '블루 마인드'가 놓여 있다.(월러스 J. 니콜스, 신영경 역, 『블루 마인드』, 프리렉, 2015, 71쪽.) 하지만 시인은 광안대교가 보이는 주거공간에 사는 "여인"을 시 속의 주인공으로 설정하여 '바다의 인지적 가치'가 아니라 바다정동(affect)을 표출한다. 비인간 사물인 "광안대교"와 "이 슬픔을 해결해야 해"라는 생각을 지닌 여인은 서로 대립하고 갈등하며 조응한다. "눈물"과 "바다"가 연결되면서 "여자는 눈을 감고 옷을 벗고 물속으로 들어갈 준비를" 한다. 그리고 마침내 "여자의 몸이 태평양 저 건너편으로" 떨어진다. "여자의 영혼이 소금처럼 풀어지고/바다는 한없이 아파했다"라는 구절에 이르러 여자가 바다 속으로 소금처럼 스며들었음을 알 수 있다. 이와 같은 정동은 일회에 그치는 사건이 아니라 반복한다. 시적 화자인 "나" 또한 상호 공감의 한 행위자로 참여한다. "바다"가 아파하고 "여인"은 "바다 밑 동굴에 앉아" "조그만 물고기들을" 보살핀다. 인간과 사물, 비인간은 모두 연결되어 있고 함께 물처럼 흐른다. 이 시편에서 시적 화자가 만나는 사태는 환상이나 이미지가 아니라 조응하는 정동의 표현이다. 롤랑 바르트는 "바다를 의미의 생산을 마비시키는, 흔적을 남기지 않는 텅 빈 공간"(에리카 발솜, 앞의 책, 14쪽.)이라고 하였다. 그에게 기호학의 대상은 해변 이편에 존재하는 깃발, 신호, 간판, 옷, 그을린 피부를 지닌 사람 등에 해당한다. 하지만 물결이나 파도는 늘 새로운 얼굴을 한다. 한창훈은 "파도에는 생각지도 못한 파장이 있다. 갯바위를 타고 오른 파도가 힘을 다 소진하고 물러나면 기다렸다가 다음 것이 오는 게 아니다. 앞 파도의 생명이 채 끝나기 전에 그다음 파도가 덮친다. 밀려나는 것과 몰려오는 것이 부딪히며 힘이 일정

부분 상쇄된다."(한창훈, 「바다에서 오는 것들」, 『바다어 마음사전』, 걷는 사람, 2025, 17-18쪽.)라고 말한다. 섬세하게 파도의 느낌을 묘사하였다. 이처럼 바다는 롤랑 바르트의 기호학을 전복하는 더 많은 의미를 지닌다.

너의 감정이 입장한다 스타디움으로/유리잔을 깨뜨리고 내 발등에 침을 뱉는다/너는 도취되었다//너는 분열되었다/우리의 절정은 이미 가라앉은 지 오래/우리의 계획은/물밑 빠른 조류를 따라 먼 북쪽으로 흘러갔다//아무것도 인정하지 못한다는 듯이/목이 쉰 팬터마임처럼 끝없이 손을 파닥이고//너는 목표를 전환했다//연보라와 보라의 인터체인지/창백한 분노가 기하급수적으로 불어나고//서정적인 삶/동시에 도착할 수 없다면//해일을 예감한 갯벌레들이 인가를 덮치듯이/휜 시트들이 넘어지고/고생대 식물처럼 둥치 굵은 체념들이 차례로 쓰러진다//주체할 수 없는 이 혈통을 누가 바라보는가//수면을 핥는 바람의 혀는 수많은 기호들을 파생시킨다/새로 태어난 관점 하나가 갈라져 간다//멀리 떠밀려 간다 (김미령, 「파도의 새로운 양상」, 『파도의 새로운 양상』, 민음사, 2017, 100-101쪽.)

마치 바다를 '텅 빈 공간'으로 본 롤랑 바르트의 기호학에 맞서듯이 시인은 "파도의 새로운 양상" 혹은 "수면을 핥는 바람의 혀"가 파생시킨 "수많은 기호들"을 말한다. 이 시편은 나-너의 관계를 파도의 은유를 통하여 표현하는데 파도의 양상이 관계를 해명하는 이미지로 종속하지 않는다. 오히려 파도의 새로운 양상을 지각하면서 관계를 다시 사유하는 방법이 된다. 소위 "서정적 삶"의 불가능성을 말하면서 "새로 태어난 관점 하나"를 따라간다. 가스통 바슐라르의 『물과 꿈』은 그 결론에서 "강이 우리에게 주는 서정성"으로 귀착한다. 그는 바다를 '난폭한 물'로 표상하며 존재의 의지와 지향에서 '분노'의 에너지로 해명한다.(가스통 바슐라르, 김병욱 역, 『물과 꿈』, 이학사, 2020, 255-312쪽.) 그에 따르면 바람을 맞서 걷는 일은 순수 서정시와 같은 투쟁이지만, 수영을 통한 바다 속으로의 도약은 위험하고 적대적인 입문의 메아리들을 다른 어떤 신체적 사건보다 더 생생하게 되살리는 역동적인 미학을 생성하며 미지 속으로의 도약이라는 은유를 형성한다. 바다의 역동적인 이미지는 "싸움 자체"에 가까운데 추억보다는 기대에 의해 만들어진 '난폭한 물'의 경험에 의해 만들어진다. 여기에서 "바다는 자신이 패배시킨 인간, 기슭으로 다시 내던지는 인간을 채찍질하는" 물결이다. 물론 파도와 역동적인 일치를 꿈꾸거나 물고기로 변신하는 상상이 가능할 수 있다. 하지만 이는 '형상적 농담'에 가까우며 곧 "대양의 분노"에 봉착한다. 바슐라르는 "선하고 행복한 바다의 은유"보다 "나쁜 바다의 은유"라는 "난폭함의 투사"에 기운다. 난폭한 물의 분노라는 바다의 이미지는 김미령의 시편에서도 폭력과 "창백한 분노"로 나타나지만 그에 대한 대응은 "고생대 식물처럼 둥치 굵은 체념들"을 넘어서 "멀리 떠밀려" 가는 파도의 새로운 양상으로 변화한다. 분노에 가역하거나 상응하는 태도가 아니다.

월러스 J. 니콜스는 "뇌가 원래 물에 긍정적으로 반응하도록 만들어졌고, 물가에 있으면 진정되고 유대감을 느끼며, 혁신하는 능력과 통찰력이 커지며, 망가진 것이 치유된다"(앞의 책, 8쪽. 이하 쪽만 표시함.)라는 입장에서 우리에게 "인식과 감정, 공감, 창의력, 건강과 힐링, 인간과 물의 관계라는 새로운 개념"(26쪽.)인 '블루 마인드'가 있다고 생각하며 이를 하나의 프로젝트로 제안한다. 그는 푸른색 나아가서 바다와 공감하고 감정이입하는 '서정적 삶'의 가치를 부각하는데 분명 물과 바다가 주는 감정적 유대감이 존재한다는 점에서 설득력이 있다. '블루 마인드'가 현대적 삶에서 실종한 "고요하고 평화롭게 합일을 이루는 명상의 상태 또는 순간적으로 느끼는 일반적인 행복과 삶에 대한 만족감"(26쪽.)을 가져다준다. 하지만 "지금 나는 항구에서 광대한 대서양을 굽어보며 바다의 모습과 소리, 냄새가 내 뇌를 변화시키는 모든 경로를 상상"(28쪽.)한다는 월러스 J. 니콜스의 입장은 일면적이다. 수평선 너머 상상의 대서양이 곧 대양의 모습이 아니며 그의 위치는 연안을 넘어서지 못한다. 물론 로맹 롤랑이 말한 '대양의 느낌'을 다시 소환할 수도 있고 더 멀리 되돌아가서 그리스 교역 중심 항구인 밀레토스 출신인 탈레스가 세운 물의 철학을 환기할 수도 있겠다. 가스통 바슐라르가 강의 서정시를 말하였듯이 연안을 지나서 나타나는 대양의 이미지는 다를 수밖에 없다. 바다는 연결, 공감, 전체, 합일을 가져다주기도 하지만 파괴, 단절, 고립, 소멸을 불러오기도 한다. 군터 슐츠는 빗물은 끊임없이 땅의 흙을 쓸어내려 강을 통해 바다로 흘려보내기 때문에 바다와 육지의 경계는 갈수록 흐려지고, 결국 육지는 사람이 살 수 없는 곳으로 변하고 만다는 것이 종말에 관한 칸트의 "단 하나의 이론"(앞의 책, 148쪽.)이라고 하였다. 그만큼 뭍의 인간에게 바다는 외경의 대상이다. 이러한 바다에서 압도하는 숭고를 느낄 수밖에 없다.

18세기 중반에 형성한 미학은 바다에서 숭고를 찾았다. 더블린에서 태어난 에드먼드 버크는 바다를 두려움의 경험으로 지각하면서 17세기부터 유행한 해양화 등을 통하여 숭고의 미적 이념을 도출하였다.(에드먼드 버크, 김동훈 역, 『숭고와 아름다움의 이념의 기원에 대한 철학적 탐구』, 마티, 2006. 참조.) 무엇보다 숭고는 충격의 감정에서 비롯하며 공포와 위력에 압도되는 과정에서 발현한다. 그에게 바다는 익숙한 감정과 결별하는 충격으로 나타나는 사라짐, 공허, 어둠, 고독, 침묵 등의 경험이다. 이 모두를 아우르는 무한함이야말로 거듭하여 반복하는 바다정동이다. 고요와 정적, 파도와 강풍, 밤하늘의 별빛과 엄청난 물결과 압도적인 공포는 대양을 항해하는 이들이 경험하는 바다의 표상이다. 바다는 한편으로 존재를 유혹하고 다른 한편으로 거부하는 양면의 얼굴로 다가온다. 그래서 헤르더는 숭고한 바다에서 질서와 아름다움을 발견한다. "파도는 강력한 리듬으로 춤을 추며 배는 파도에 보조를 맞춘다. 숭고한 것이 아름다우며 아름다운 것이 숭고할 수 있다."(군터 숄츠, 앞의 책, 203쪽.) 바다는 유한한 인간에게 무한함으로 충격하며 이를 통하여 실존을 자각하며 더 나은 존재로의 상승을 가능하게 한다. "인간은 대지에 거주하는 존재이면서도 세계 안에서의 자기의 전반적인 조건을 오히려 항해의 이미지로 표상하기를"원하는 역설을 간직하면서 "항해와 난파라는 은유법"(한스 블루멘베르크, 조형준 역, 『난파선과 구경꾼』, 새물결, 2021, 45쪽.)을 상투화하였다.

3. 해항의 사상과 해역세계

칼 슈미트에 의하면 본디 "인간은 땅의 존재, 땅을 밟고 있는 존재"이다. 인간은 견고하게 정초한 대지 위에서서 걸어가고 움직이며, 그 대지가 그가 서 있는 곳이자 그의 토대가 된다.(칼 슈미트, 김남시 역, 『땅과 바다』, 꾸리에, 2016, 7쪽. 이하 쪽수만 표시함.) 해변에서 사람은 땅에서 바다를 바라보지 바다에서 땅을 보지 않는다. 그런데 시선의 전도가 가능할 수 있다. 모든 생명체가 바다에서 기원하고 순전히 바다에 의해 규정 받는 남태평양의 민족도 있기 때문이다. 오늘날까지 "생생하게 살아있는 표상으로 전해지고"(13쪽.) 있는 4원소—물, 땅, 공기, 불을 생각하더라도 "땅 혹은 바다와 연관된 실존적 형태들"(14쪽.)을 두루 살펴야 한다. 환경으로 환원되지 않는 인간이므로 "권력과 역사의 힘의 작동 공간"(15-16쪽.)을 고려하여 인간이 "스스로의 행위와 능력을 통해 자신의 새로운 역사적 실존의 전체형태로서 그 원소를 향해 결단하고 자신을 그 원소로 조직하기도"(16쪽.) 한다는 사실을 인식해야 한다. 이럴 때 "세계사는 땅의 힘에 대한 대양의 힘의 투쟁, 대양의 힘에 대한 땅의 힘의 투쟁의 역사"(17쪽.)라는 이해가 가능하다. "고래 사냥꾼과 범선 항해사와 더불어 해적, 사략선원, 해상 무역 모험가 등 온갖 부류의 대양 주름잡이들은 16세기와 17세기에 결실을 맺은 바다를 향한 원소적 전환의 여명을 알리는 무리들"(50-51쪽.)이다. 그리고 땅에서 바다로 원소적 전환, 대양적 전환이 일어나면서 "전지구적 차원의 공간혁명"(69쪽.)이 이루어졌다. 대양을 통하여 세계가 하나가 되었다.

  대지의 노모스에 따르는 지리학은 세계를 다섯 층위로 나눈다. 먼저 주체가 자리한 위치(location)와 생활세계의 영역인 로컬이 있다. 그리고 로컬(local)이 모여 이룬 국가가 있고 국가의 경계를 이월하여 문화와 문명의 공통 권역이 되는 지역(region)이 합쳐져 세계(global)를 이룬다. 해양의 관점은 육지 속의 바다인 강과 연안과 대양으로 구분한다. 연안은 다시 뭍에 인접한 영역[green waters]과 여러 지중해로 구성된다. 대양은 대서양, 태평양, 인도양, 남극해, 북극해를 일컫는다. 밀레토스에서 발원한 탈레스의 물의 사상처럼 해항(seaport city)은 바다를 향한 거점이다. 해항은 페르랑 브로델이 지중해 연구에서 제시한 해역세계(maritime world)와 따로 논의 될 수 없다. 해역세계는 그 중심에 바다를 가진 권역을 의미하며 해항은 이러한 권역을 무대로 서로 네트워크하며 교류의 역학을 지니면서 국가를 넘어 유동적인 영역을 형성해 왔다.

해항도시는 세계의 도처에서 발견되는 일반적이고 평범한 도시 유형이다. 기차와 자동차, 항공기의 시대 이전에 해항도시는 종종 중요한 정치적 중심지였고, 지역 경제의 허브였으며, 해외와 국내 문화들의 용광로 속에서 새로운 예술과 사상과 기술이 발전하던 장소였다. 한 해항도시는 한 나라에 속하지만, 동시에 자신과 접하고 있고 자신을 외부세계와 연결하는 해역세계에 속한다. 해항도시는 자신이 속한 나라의 지역문화를 표현하지만, 또한 그것은 외국인과 외국 문화의 존재로 인해 그 나라의 사람들에게 낯설어 보이기도 한다.

해항도시는 온갖 이문화가 교류하는 곳이며, 당연하게도 역사가들과 다른 인문과학 및 사회과학 학자들에게 커다란 관심의 대상이 된다.(하네다 마사시, 현재열 외 역, 「17·18세기 아시아 해항도시 비교연구의 틀과 방법」, 『17·18세기 아시아 해항도시의 문화교섭』, 선인, 2012, 17쪽.)

여기서 동아시아 지중해 해역에서 왜관과 쓰시마의 네트워크를 상기할 수 있다. 강화도 조약에 따라 역내 역학의 변동에 따른 항로의 변경으로 쓰시마의 지위가 하락하면서 쓰시마가 곤경을 경험한 사례는 냉전체제의 와해로 황해 시대가 열리면서 인천이 부상한 사례와 비교된다. 동인도회사의 기록보관소인 나가사키의 변동을 아시아 지중해 속에서 부산과 비교하는 일도 유익하다. 무엇보다 이러한 해항도시의 사람들과 문화가 주요한 분석의 대상이다. 하네다 마사시는 이를 동인도회사가 있던 해항을 중심으로 여섯 가지 비교 사항으로 제시한다. 첫째, 해항도시에서 동인도회사 소유 요새와 상관의 위치와 소유권 그리고 건축적 특징들 둘째, 유럽인과 해항도시 지역 토착민 사이의 의사소통 셋째, 무역 방법과 다양한 절차들 넷째, 유럽인의 이해관계를 대표하는 유럽 회사들의 상관들과 각자 통치자의 지배를 받던 지역 토착민이 연루된 분쟁과 사고들의 법적 해결 방식 다섯째, 남자와 여자 사이의 관계, 특히 유럽인과 같은 외국인 남자와 지역 토착민 여자 사이의 관계이며, 해항도시에서 타 종족 출신 부모를 가진 아이들의 사회적 지위 여섯째, 사람들의 일상생활과 관련된 문화교류들, 외국의 의복, 음식, 기술, 예술, 종교와 사상 등. 이처럼 하네다 마사시가 제시한 양상은 나가사키의 경우 데이비드 미첼의 장편소설 『야코프의 천 번의 가을』(송은주 역, 문학동네, 2018.)에 잘 재현되어 있으며 왜관과 쓰시마의 경우 다시로 가즈이의 『왜관』(정성일 역, 논형, 2005.)을 참조할 수 있다. 하마시타 다케시는 해역세계의 관점에서 홍콩과 오키나와를 인식한다.(하마시타 다케시, 하세봉 외 역, 『홍콩』, 신서원, 1997., 하마시타 다케시, 임상민 외 역, 『오키나와 입문』, 소명출판, 2021.) 홍콩의 변동이 지역과 세계에 미치는 영향 과정을 단계별로 구체적으로 제시하며 오키나와의 과거 역사를 되짚어 아시아를 연결하는 새로운 해역구상으로 이끌어낸다. 이와 같이 해항도시와 해역세계는 육역과 다른 차원에서 아시아의 바다와 세계의 바다를 읽은 방법이 되고 대안으로 부상한다.

『바다의 시간』(전경훈 역, 책과함께, 2021.)을 쓴 자크 아탈리도 자신의 "오래된 관심의 뿌리는 내가 나고 자란 항구에 있다"(12쪽.)라고 말한다. 알제리 바닷가에서 나고 성장한 경험이 바다의 생각을 키웠다. 바다의 총체적 역사를 기술한 그는 바다의 관점에서 인류와 지구를 읽기를 제안한다. 노와 돛을 이용하여 바다를 정복하려던 인간이 석탄과 석유로 바다를 지배하고 마침내 컨테이너로 바다의 세계화를 이루었다. 소위 컨테이너 혁명 이후의 세계에서 태평양의 해항들이 크게 성장하고 교역과 조선업에서 아시아의 시대가 열렸음을 진단한다. 이러한 가운데 부산항이 있음은 주지의 사실이다. 물론 해저 케이블은 여전히 미국 우위를 유지하고 있으며 기후변화로 북극을 지나는 북서항로와 북동항로가 열릴 공산이 크다. 하지만 태평양을 면한 미국과 중국의 경쟁이 가속화하면서 분쟁과 그 가능성이 잠재한 해역이 더 늘어나고 있는 형편이다. "어업, 해운, 폐기물, 지구 온난화, 해저 개발, 자연에 가한 폭력 등 온갖 형태로 인간은 바다를 압박하고"(261쪽.) 있어 그의 염려대로 미래에 바다가 죽을 수도 있다. "인류가 사라진다 해도 생명은 적어도 바다 속에서 계속되어 다른 형태로 다시 등장할 것이다. 이전에 바다와 육지에서 발생했던 대량절멸이 지난 뒤에도 그러했다. 인류는 다시금 변모할 바다의 진화를 보지 못할 것이다."(280쪽.) 모두에서 읽은 허만하의 「최후의 바다」에 다시 당도한 느낌이다. 단독자인 시인의 실존적 목소리는 인류세라는 보편의 문제를 부각한다. 시인은 시집 말미의 또 다른 시편인 「물의 종착지」의 마지막 연에서 다시 물의 사상을 역설의 언어로 제시한다.

바다 깊이에서 하늘 구름으로 머물다 다시 땅을 찾는 큰

동그라미를 물은 그린다. 사람이 보는 것은 언제나 물 행보의 한 단면이다. 물은 태양처럼 가만히 있지를 못한다. 물은 언제나 운동 중이다. 시간처럼 정지할 줄 모른다. (「물의 종착지」부분)

구모룡
문학평론가. 한국해양대 동아시아학과 교수.『제유의 시학』,『근대문학 속의 동아시아』,『폐허의 푸른빛』등의 저서가 있음. kmr@kmou.ac.kr

바다라는 미디어: 다른 방식으로 듣기를 연습하는 동시대 미술

전솔비

1. 바다, 기억, 미디어

"내 가장 오래된 기억은 말이지. …
어쨌든 바다 속을 떠다니고 있는 감각이야."[1]

카지오 신지의 소설을 기반으로 한 츠루타 겐지의 만화 『추억의 에마논』은 거대한 기억을 가진 에마논이라는 인물을 주인공으로 한다. 에마논은 NONAME을 거꾸로 발음한 것으로, 이름이 없는 자라는 의미이다. 아마 여러 존재

---

1 츠루타 겐지 그림, 카지오 신지 원작, 정은서 역, 『추억의 에마논』, 대원씨아이, 2015, 81.

가 쌓아온 30억 년의 기억을 가졌기에 자신을 하나의 이름으로 부르는 것에서 의미를 찾지 않는 것으로 추측된다. 에마논의 조상들은 바로 앞의 선대가 체험한 기억까지 고스란히 후대에 전승하는 식으로 살아왔다. 기억을 전승한 자는 빈 껍데기처럼 망각의 상태에 접어든다. 에마논의 조상은 인간의 시초로 거슬러 올라가는 것에서 멈추지 않는다. 지구에 생명체가 처음 생겼던 순간에서부터 현재까지의 기억이 모두 에마논에게 남아 있다. 최초의 생명 형태인 단세포생물이 생기고 그것이 광합성을 통해 산소를 만들고 바다에 미생물들이 우글거리다가 점점 더 큰 생물들이 탄생하고 이들 중 일부가 육지로 이동해서 진화해 온 기억이 10대의 모습을 한 에마논의 기억과 직접적으로 만나는 것이다. 기억의 총집합에서 나와 타자, 인간과 비인간의 경계는 사라진다. 지구의 모든 시간을 전부 기억할 수 있는 존재가 있다면 그는 어떤 감정으로 그 방대한 기억의 무게를 감당할까? 거대한 파도를 응시하며 담배를 피우는 에마논의 표정은 아무것도 답해주지 않는다. 낯선 이와 하루를 보내며 망각 없이 모든 것을 기억하는 일의 아득함을 잠시 공유할 뿐. 이때 기억하는 일에 관한 가볍고 무거운 대화가 오가는 장소는 다름 아닌 바다 한복판의 커다란 배 위이다. 기억하는 자와 그것을 듣는 자의 일시적인 관계는 방대한 기억의 바다를 지나가는 인공물 위에서 위태롭게 서로에게 의지하고 있다.

바다는 오래전부터 지구의 모든 생명이 탄생한 창조의 장소이면서, 동시에 인공물로 구축된 문명이 무력해지는 파괴의 장소로 인식되어 왔다. 그동안 미술 작업들 안에서 바다는 보존해야 할 생태적 장소이자, 자연이 창조한 예술 작품으로서, 자본주의의 거대한 시장이자, 핵발전소와 신공항 반대를 위해 투쟁하는 활동가들의 현장으로서, 난민들이 전쟁을 피해 도망치는 위태로운 경로이자, 이주민들과 노동자들의 일의 터전으로서, 디아스포라의 역사이자, 신비로운 신화 혹은 아득한 공포의 세계로 존재해 왔다. 하지만 무엇보다 바다는 수많은 기억의 시작이자 무덤이라는 점에서 인간을 매료시킨다. 바다는 기억의 아카이브임이 틀림없지만, 인간은 결코 바다가 무엇을 기억하는지 알 수 없다. 인간은 모든 것을 기억하는 저장소로서의 바다가 인류에게 남기는 의미를 이해하고자 끊임없이 탐구해 왔다. 때로 그것은 특정 주제나 소재로서 바다를 재현하는 것을 넘어 바다를 하나의 미디어로서 사유하는 태도를 요청하기도 한다. 이때의 미디어란 의미 전달의 수단이라는 좁은 의미를 넘어, 인간이 말하고 행동하는 하나의 조건을 뜻한다. 미디어 철학자 존 더럼 피터스(John Durham Peters)는 미디어 이론을 "세상과 상호 작용하는 정신의 감각 비율이 달라지는 것"에 관한 탐구라고 하며, "우리가 당연시 여겼던 대부분의 것들을 포기하게 만드는 환경"으로서 바다를 바라보자고 제안했다.² 그것은 바다가 숨쉬기와 관련된 인간의 기본 조건이 변화하는 환경이자 인간의 문명이 무력해지는 곳이기도 하지만, 무엇보다 빛과 소리 환경이 육지와는 전혀 다른 방식으로 작동하는 물의 세계라는 점에 주목하는 것이다. 일정한 깊이에 도달하면 사실상 빛이 사라져 버리는 바다는 주로 '보는 것'을 통해 타자를 감각해 온 인간의 문화예술사가 적용될 수 없는 공간으로 바뀐다. 반면 소리는 물속에서 공기 중에서와는 다르게 거의 다섯 배나 빠르게 나아가며 수천 킬로미터를 이동할 수 있다. 시각이 닫히고 청각이 열리는 장소로서 바다는 소리에 대한 탐구를 통해, 인간의 '듣는 감각'이 지닌 한계와 가능성을 실험하는 장소가 되어왔다.

이때 바다에서 육지로 이동하며 진화한 포유류인 인간과, 바다에서 육지로 그리고 다시 바다로 이동하여 진화한 고래는 유의미한 비교 대상이 된다. 해양 환경에서 인간만큼이나 고도의 지능을 갖춘 고래와 인간 사이에서 의사소통 방식의 결정적 차이는 말하기와 듣기의 흔적을 기록하는 물질의 유무에 있다. 인간은 기억을 유지하기 위해 기록 매체가 필요하지만, 고래와 같은 해양 생물은 수백만 년간 물을

---

2   존 더럼 피터스, 이희은 역, 『자연과 미디어』, 컬처룩, 2018, 101.

가지고 실험을 거듭하며 기록 매체 없는 청취 저장 능력과 전달 능력을 개발해 왔다. "송신자가 많은 멀고 깊은 바다에서의 커뮤니케이션에서는 그 어떤 단일한 '지금'도 순서를 돌아가며 대화하는 지렛대로 작용할 수 없다."[3] '지금'이라는 순간이 확장된 세계인 바다에서는 듣는 존재가 흩어진 메시지를 역으로 재구성하며 차이를 스스로 이해하는 몸이 된다. 바다에 적응한 존재의 몸은 '물'이라는 매체를 통해 아주 오래된 소리, 아주 멀리서 온 소리와 소통한다. 육지 환경에서 익숙한 미디어의 시간 기록 방식과는 전혀 다른 방식으로 물은 기억을 보존하고 전달한다. 이처럼 바다라는 거대한 미디어는 여전히 과거의 소리가 전달 중일지도 모른다는 상상을, 그리고 물을 듣고 물속에서 듣는다는 행위를 통해 이미 망각된 무언가를 감지할 수 있을지도 모른다는 상상을 불러일으킨다. 이때 인간에게 아직 '상상'의 영역에 있는 것이 이미 해양 생물에겐 '현실'이라는 사실은 '바다'라는 세계를 감각적인 것을 재배치하는 가능성의 장소로 재고하게 한다. 그렇다면 바다를 통해 배운다는 것은 무엇을 의미하는가. 바다를 탐구하는 행위는 '다른 방식으로 듣기', 그리고 '다른 방식으로 기억하기'라는 질문을 인간에게 던지고 있다. 바다를 미디어로 바라본다는 것은 인간과는 다른 존재의 청취

---

[3] 존 더럼 피터스, 같은 책, 145.

기관이자 아카이브로서의 물을 기술적으로, 예술적으로, 철학적으로 이해하려는 시도이며 '듣는 인간'의 의미를 존재론적으로 재고찰하는 시도라고 할 수 있다. 이 글은 이러한 맥락 위에서 바다라는 미디어의 조건을 염두에 두며 듣기 행위가 지닌 수행성으로부터 기억의 문제를 사유하는 동시대 미술 작업들을 짚어본다.

2. 바다로부터, 음소거된 세계를 듣기

지금이라는 순간이 확장된 바다의 기억을 탐색하는 것은 물의 다원적 시간성을 이해하려는 시도와 연결된다. 육지 환경에서 경험하는 시간성과 해양 환경에서 경험하는 시간성이 다르다면, 그것은 과거와 현재와 미래가 선형으로 이어지기보다 원형 혹은 나선형으로 순환하기 때문이다. 물의 다원적 시간성 속에서 오래된 물과 새로운 물은 한 몸을 이룬다. 바다라는 물의 세계에 익숙한 몸들은 다른 시간대의 존재가 낸 소리를 들을 수 있으며, 소리를 통해 다른 시간대의 존재와 소통할 수 있다. 인간이 바다에서의 삶을 동경하는 이유는 시공간의 제약을 받지 않는 무한한 커뮤니케이션을 향한 열망 때문이 아닐까. 그렇다면 현재라는 시공간적 한계 속에서 살아갈 수밖에 없는 인간의 몸이 물의 다원적 시간성에 참여한다는 것은 어떤 의미인가. 김그레이스, 다이애나 밴드

(신원정, 이두호), 오로민경으로 구성된 언뮤트 워터(Unmute Water) 프로젝트(2023-)는 인간의 청각으로는 인식할 수 없는 물의 소리를 감각하기 위한 예술적 방식을 제안하며, 인간과 비인간의 경계를 넘는 관계적 청취 방식을 탐구한다. 이 프로젝트는 제주도라는 현장을 기반으로 지하수를 리서치하며 이루어졌다. 제주도의 지하수는 빗물이 땅으로 흡수되어 만들어진 지하 담수와 바닷물이 화산암반층에 의해 자연적으로 여과되면서 지하에 스며든 용암 해수로 이루어져 있다. 30만 년 이상 제주의 땅 아래에 존재해 온 물의 소리는 오래된 바다에 존재하는 생명의 기억, 역사적으로 4·3이라는 아픔을 품고 있으며, 관광화된 환경 속에서 자원으로 소비되어 온 섬이 지닌 파괴의 기억을 보존하고 있다. 물의 기억이라는 하나의 상징이자 실재로서 제주의 지하수는 언뮤트 워터 프로젝트에서 현재의 우리에게 도달해야 할 과거의 아카이브이자, 비가시화된 영역에도 역사가 존재한다는 믿음, 기억하는 행위에 참여하겠다는 의지로 변환한다.

제주도의 지형은 육지를 이동하는 바다의 일부인 물의 흔적을 고스란히 담고 있다. 바다의 물이 화산 지형과 만나 땅으로 흡수되어 여과된 담수가 되고 다시 바닷가 주변에서 솟아 나오는 용천수가 되어 바다로 흘러가는 흐름이 지형적으로 가시화된 특징을 지니고 있기 때문이다. 언뮤트 워터 프로젝트는 바다와 육지를 순환하며 기억을 흡수해 온 물의 소리를 듣기 위해 건천, 동굴, 숨골, 해안가 등의 지형을 리서치했다. 그리고 이 리서치는 땅 밑 물의 소리가 인간에게 들리지 않는다는 불가능성을 처음부터 마주하며, 물의 소리가 매개체로 사용하는 인간의 몸 그리고 인간의 기억 체계를 고민하는 방향으로 흘러갔다. 이들은 인간의 귀로는 들을 수 없는 지점의 물소리를 듣기 위해 다양한 방식의 장치를 사용하는데 이때 물의 소리 듣기는 귀의 한계를 기술적으로 확장하기보다는 몸에 이미 도달한 파동에 집중하며, 들었다는 자각 이전에 이미 소리와 만나는 몸을 탐구하는 방향으로 나아간다. 접근할 수 없는 물의 상태에 다가가기 위해 소리를 데이터나, 패턴, 리듬으로 번역하는 도구들이 사용되지만, 이들의 관심은 더 먼 곳의 잘 들리지 않는 소리를 정확하게 듣는 것보다, 들리지 않는 곳을 향해 몸의 감각을 바꾸고 변형하는 연습에 있는 것이다. 소리는 늘 존재하고 있고 이미 우리에게 도달해 있으며, 그것을 알아채는 깊고 낮은 감각을 깨우는 것이 중요하다는 태도가 이 프로젝트 전반에 깔려 있다.

언뮤트 워터 프로젝트의 여러 작업 중 다이애나 밴드의 〈들리는 점〉은 효돈천에서 물에 젖었다가 마르기를 반복하는 돌들을 두드렸던 기록을 기반으로 한 드로잉 작업이다.

이 작업은 관객들이 가져갈 수 있게 비치된 큼직한 종이 위에 다양한 모양의 곡선과 × 표시들이 그려져 있다. 그리고 각각의 드로잉마다 '내려오자마자 평평 표면에 고이는', '완곡하며 자랑스럽게 내어주면서', '끝까지 담아내며 흥얼거리는'과 같은 문장들이 적혀 있다. 물의 모습을 묘사하는 것 같기도 하지만 이는 물의 소리에 대한 묘사이자 청자의 주관적 감상이 개입된 악보와도 같다. 한라산에서부터 서귀포 바다까지 13km에 이르는 효돈천은 제주도 대부분의 하천처럼, 비가 오지 않을 때는 물이 흐르지 않는 건천이다. 제주도는 지표면에 물을 머금을 흙이 적고 화산석으로 되어 있어서 누수되기 좋은 환경이기에 빗물이 하천이 되어 흐르지 않고 지하로 스며들거나 바다로 곧바로 흘러가 버린다. 물속의 소리를 들으려는 시도는 이 작업에서 물을 흡수한 돌의 소리와 물이 증발된 돌의 소리를 비교하며 물이 남긴 흔적을 시각화해 보는 과정으로 이어진다. 다이애나 밴드는 돌에서 같은 자리의 소리를 짚어내려고 했지만 돌의 몸을 알 수 없었기에 매번 다른 자리를 두드릴 수밖에 없었고 결국 들으려는 마음을 내려놓고 들리는 상태에 이르게 되었다고 말한다. 인간의 귀로는 들을 수 없는 영역을 마주하며 이들의 관심은 듣는 몸, 인간이라는 청취 미디어에 대한 탐구로 자연스럽게 방향을 돌린다.

다이애나 밴드가 사용하는 지오폰(Geophone), 단파 라디오, 하이드로폰, 라디오 송수신기, 스트리밍 장치 등의 기계들은 기록을 위한 몸 바깥의 도구라기보다 듣는다는 개념을 확장하며 기억의 모양을 바꾸는 몸의 연장으로서 몸에 맞게 변형되곤 한다. 이들은 물이 내는 소리의 정체에 초점을 맞추며 어떤 기원 혹은 근원을 쫓기보다는 자신이 '들린다고 감각하는 것'에 내재한 주관성, 즉 인간의 한계에서 개입되는 상상의 영역에 집중했다. 즉 물의 소리라는 닿을 수 없는 영역에 대한 조사를 기술적으로 다시 인간의 언어로 해석하기보다는, 들리는 것을 언어화할 수 없음에 대해 사유하고 그럼에도 소리 나는 곳을 향해 몸을 두며 해석을 유예한 상태를 유지해 보는 것이다. 그것은 '뱃고동 소리가 되고 싶다'라는 불가능한 선언으로 이어지며 가장 이해하기 어려운 존재 앞에 남겨진 심연 속에 머물러 보겠다는 결심을 남기기도 한다. 인간이 결코 바다의 기억과 물의 시간성을 알 수 없다는 깨달음 속에서 발견한 심연은 무엇을 들려주는가. 이는 티모시 모턴(Timothy Morton)이 하이퍼객체를 이해하는 방식과도 맞닿아 있다. 그것은 인간이 인간 이외의 객체를 바라보는 어떤 기준점을 흔들고, 이미 인간의 몸에 들러붙어 있거나 흡수된 자연을 인식하는 감각이다. 소리는 이미 도착해 있고 인간은 그것의 그림자만 볼 뿐이다. 심연과 그림자의 어두움은 깊은 바다의 소리 풍경을 불러낸다. 이러한 감각 아래에서 인간은 모든 것의 우위에 있을 필요가 없어지고, 다른 비인간 존재들이 내리누르는 세계의 끝에 존재하며, 이러한 존재론적 간격으로 인해 내면에서부터 절뚝거리게 된다고 티모시 모턴은 말한다.[4] 절뚝거리고 비틀거리며 어지럼증을 느끼는 감각, 그것은 물속에서 숨을 쉬고 눈을 뜨고 귀를 열고자 애쓰는 인간의 몸짓과도 닮아 있다. 언뮤트 워터 프로젝트는 다름 아닌 육지 환경에서 그 몸짓을 연습하는 이들의 풍경을 보여준다.

이러한 활동이 수신자의 관점에 집중되어 있다면, 바다 환경에 무언가를 보내는 발신자의 시도로는 라디오 앰니언(Radio Amnion) 프로젝트(2021-)가 있다. 사운드 아티스트 졸 톰스(Jol Thoms)가 주관하는 이 프로젝트는 매달 보름달이 뜰 때마다 3일간 태평양 카스카디아 분지의 2km 아래 심해에 예술가들의 사운드 작업을 전송한다. 인간의 지각을 훨씬 넘어선 이곳에 소리를 보내기 위해 모든 송신은 심해에 설치된 중성미자 망원경 실험의 보정 시스템을 통해 이루어진다. 중성미자 망원경이 원래 우주를 탐사하는 데 사용되던 기계라는 사실은 우주로 인간의 메시지를 보낸 골든 레코드 프로젝트가 1977년에 발사된 보이저호에 실은 음반의

---

4   티모시 모턴, 김지연 역, 『하이퍼객체』, 현실문화, 2022, 406.

Ⅱ 비판-비평

이름이 '지구의 소리'였다는 점을 떠올리게 한다. 이렇듯 심해를 이해하는 방식은 우주를 이해하는 방식과 종종 맞닿아 있다. 중성미자는 질량이 거의 없는 미세한 입자로, 중성미자가 물과 충돌할 때 발생하는 빛을 포착하는 방식으로 바다 환경을 탐지하는 것이 중성미자 망원경이다. 이때 심해에서 센서가 잘 작동하는지 점검하도록 과학적 위치 측정 신호를 내보내는 음향 보정 시스템을 사용하는데 라디오 앰니언 프로젝트는 여기에 예술가의 사운드 작품을 싣는다. 과학적 장치의 정확성을 정비하는 기술이 비과학적이고 때로는 오류로 인식되곤 하는 예술의 발신지가 된다는 점, 달의 주기와 관련한 의례적 행위라는 점도 흥미롭지만 비인간 존재와 소통하려는 시도, 물속에 기억이 저장된다는 믿음은 언뮤트 워터 프로젝트와도 맞닿아 있다.

하지만 언뮤트 워터 프로젝트는 멀리서 전해지는 소리를 우리가 언젠가 들을 수 있을 거라는 믿음, 수신할 수 있는 몸이 되기 위해 들리는 것에 몸을 맞춰보는 태도를 탐색하는 것에 가깝다는 점에서 인간이라는 한계를 응시하며 동시에 반대 방향으로 몸을 기울인다. 그리고 그것은 궁극적으로 침묵도 소리를 내고 있다는 믿음을 유지한다. 김그레이스는 기획의 글에서 다음과 같이 말한다.

"인간이 감각하지 못하는 순간에도 몸에서 몸으로 전달되는 파동으로 소리는 이미 우리에게 도달해 있다. 침묵이란 누군가 파동을 물리적으로 약화시키거나 내가 그것에 귀 기울이지 않음으로써 들리지 않는, 의도된 상태라고 볼 수 있다."[5]

이 프로젝트가 '침묵'에 대한 문제의식, 즉 들리지 않는다는 것은 듣고 있지 않기 때문이라는 사유에서 출발했음을 알려주는 문장이다. 디디 위베르만은 반딧불이 사라지는 것은 오직 관찰자가 그 뒤를 쫓기를 포기하는 한에서일 뿐이라고 말했다.[6] 빛을 쫓는 몸짓은 소리를 쫓는 몸짓으로 연결된다. 들리지 않는 소리가 존재한다는 믿음은 우리의 몸이 파동의 연쇄 안에 항상 연결되어 있다는 깨달음 속에서 수행된다. 이때 물의 다원적 시간성에 참여한다는 것은 결국 우리의 몸이 소리를 듣는 매개물이자 파동의 흔적인 기록 미디어 그 자체라는 점을 인지하고, 함께 듣는다는 행위가 인간과 비인간의 구분을 넘어 물리적인 연결이 될 수 있다는 사실을 공유하는 선언이 된다. 궁극적으로 이 프로젝트는 '듣는 감각'을 확장하고 '듣는 몸'을 변형시키는 연습을 통해 인간은 어떻게 다른 존재와 연결될 수 있는가, 이미 연결되어 있다는 사실을 어떻게 깨닫게 되는가, 연결되는 감각은

---

5   김그레이스, 전시⟨Unmute Water: 음소거된 물의 소리⟩ 서문, 2023.
6   조르주 디디 위베르만, 김홍기 역,『반딧불의 잔존 – 이미지의 정치학』, 도서출판 길, 2012, 47.

어떻게 기억으로 나아가고 연대로 나아가는가, 라는 중층적인 질문을 제시하고 있다고 할 수 있다.

3. 소리 풍경: 확장되는 지금

'지금'이라는 순간이 확장된 물의 세계에서는 듣는 존재가 소리를 통해 흩어진 시간을 재구성하기에 과거와 잠재성이 모두 현재로 의미화될 수 있다. 바다의 시간성을 사유한다는 것은 이렇듯 과거의 반대이자 잠재의 반대라는 이중성을 지닌 현재의 의미를 전유하는 것이다. 그렇다면 우리는 어떤 소리를 들으며 현재의 확장된 의미를 깨닫게 되는가. 2016년 4월까지 미국에서 가장 많이 방문한 10,000개의 웹사이트 중 하나이기도 했던 마이노이즈(Mynoise)는 사용자의 목적에 맞게 맞춤형 사운드 스케이프(Soundscape)를 제공한다. 쾌적함을 기준으로 온도와 습도가 조절되고 주변 환경의 소리조차 백색소음으로 편집된 도시적 삶에서, 듣기는 이미 선택의 영역 안에 놓여 있다. 마이노이즈는 정원, 숲, 비, 바람, 카페, 싱잉볼, 폭포, 천둥, 여름밤, 고양이 등 다양한 테마의 소리를 들려준다. 바다와 관련해서 필터링할 경우 심해, 아일랜드 해안, 조약돌 해변, 해안가에 정박한 배, 바다 위의 유조선 소리 등이 검색된다. 이 모든 소리는 집중력을 향상시키거나 수면을 돕거나 명상을 위한 목적으로 제공되는데 서로 다른 소리를 혼합할 수도 있고 자신에게 맞게 소리를 변형시킬 수도 있다. 심지어 웹사이트에서 제공하는 사용자의 청력 검사 결과에 맞게 음역대를 조절하는 것도 가능하다. 누구나 자신이 원하는 취향으로 주변의 소리를 바꿀 수 있는 백색소음은 쾌적함, 평온함, 편안함, 기쁨, 즐거움과 같은 긍정적 정동을 만들어내는 데에 집중되어 있다. 낯설고 우연적인 것으로부터 차단된 자기만의 방에서 잘 재현된 바다의 소리를 고르는 사용자에게, 시시각각 변화하는 바다의 소리 풍경은 점점 더 낯선 것이 되어갈 것이다.

이미 들리는 것을 삭제하거나 변형하는 것이 일상이 된 세계에서, 우리는 어떻게 들린다는 사실을 통해 소리 내는 존재가 '있다'라는 자각으로 나아가게 되는가. 김지연, 이강일의 웨더 리포트(Weather Report)(2015-) 프로젝트는 바다를 거쳐 먼 거리를 이동하는 각기 다른 소리 안에 날씨가 만들어내는 차이가 늘 반영되어 있다는 점을 환기하며, 날씨가 기입된 소리를 기록하고 기억하는 행위 속에서 어떻게 자신을 향한 돌봄이 연결될 수 있는지 탐구한다. 웨더 리포트는 2015년 제주 거로 마을에 있는 문화공간 양에 주변의 소리를 웹을 통해 실시간으로 송출하는 오디오 스트리머를 설치했다. 한국에서는 이곳에만 설치된 이 장치는 전 세계의 예술가들이 참여하는 로쿠스 소너스(Locus Sonus) 웹사이트에 연결되어 언제 어디서든 제주 거로 마을의 소리를 들을 수 있게 했다. 이 웹사이트에는 세계 지도가 그려져 있고 육지에 표시된 50여 개의 장소에는 마이크 아이콘이 붙어 있다. 세계 지도는 회색으로 색칠된 육지와 파랗게 색칠된 바다의 영역을 구분하여 표시한다. 이 중 바다에 설치된 오디오 스트리머는 없지만, 육지와 바다 위로 그어진 파동의 모양은 육지에서 출발한 소리가 바다를 지나간다는 당연한 사실을 드러낸다.

2025년 8월 28일 오후 2시 56분, 웹사이트에 접속하여 JEJU GEORO라고 표기된 마이크 아이콘을 클릭했다. 바람 소리와 비행기 소리, 차 소리, 새소리인지 벌레 소리인지 알 수 없는 짹짹 소리, 누군가의 발이 흙바닥을 밟는 마찰음, 나무로 된 문을 여닫는 듯 끼익하는 소리가 들린다. 이렇게 멀리서 느껴지는 움직임에 집중하고 있으면 이 소리가 인터넷망을 통해 순식간에 전달되는 데이터가 아니라, 섬에서부터 바다를 건너 이곳에 도달하기까지 수많은 매체를 거쳐 도달한 소포처럼 물성이 느껴진다. 휴대전화, 혹은 노트북 스피커에서 나오는 소리임에도 소리의 근원지를 찾아 자꾸 창밖을 바라보게 되는 것이다. 인간이 듣는 소리는 인터넷망을 통해 전송되는 데이터의 연속이지만, 웨더 리포트는 라이브 스트리밍이라는 방식을 사용하여 소리가 존재했던 저곳의 장소성을 부각하고 이곳에 약간의 지연과 소음과 함께 다시 등장하는 소리에서 무엇이 새로이 나타나는지 질문한다. 그것은 끊임없이 흐르는 물과 움직이는 바람과 구름, 일정한 방향으로 이동하는 각기 다른 바닷물이 변화시키는 온도와 습도 등이 변화시키는 소리이자, 그 속에서 환기되는 자연 그 자체이다. 이미 사라진 것들이 지연된 시간을 통해 기억으로 되살아난다는 것, 풍경은 흔적으로만 현재화된다는 것을 라이브 스트리밍을 통해 느낄 수 있다. 그리고 '지금' 느끼는 것들 안에는 마이노이즈 웹사이트가 생성하는 여과된 긍정적 정동뿐만 아니라, 낯설고 예측하지 못한 것들과 마주하며 생성되는 부정적 정동 또한 포함한다. 2025년 8월 문화공간 양에서 열린 전시 〈누군가 듣고 있어(Some-bodies are listening, too)〉는 2016년 제주 조천읍 와산리에서 송출했던 웨더 리포트의 기록을 다시 살펴보는 〈웨더링 아카이브〉(2025)를 포함하고 있다. 작가는 이 프로젝트가 아카이브하는 것이 기상학적 수치나 객관적 자료로 고정된 날씨가 아니라 "오히려 날씨에 주의를 기울일 때 예민해지는 주변에 대한 감각, 정서적 변화, 네트워크를 통한 매개적 접촉이 불러오는 혼란과 우울의 정조처럼 주관적이고 임시적인 경험들"이라고 말한다.[7] 네트워크로부터 전송되는 소리에 묻은

---

7 문화공간 양, 전시 〈누군가 듣고 있어〉 소개글, 2025

미묘한 감정에 대한 고민은 2016년의 작업 노트에도 유사한 모습으로 기록되어 있다.

"투명할 것 같은 네트워크 창문이지만, 이를 통해 전해지는 자연에는 어딘가 깨질듯한 우울함이 있다는, 매우 주관적인 견해를 이야기해야겠다. 이제는 그 우울함이 소리와 시간을 관찰하는 나에게서 비롯된 것인지, 네트워크에서 오는 것인지, 스트리머 너머에서 오는지조차 구분하기 어려워졌다."[8]

날씨에 주의를 기울이며 자연의 소리를 듣는 것으로부터 느꼈던 혼란과 우울의 정동을 고백하는 이 부분을 조금 더 들여다볼 필요가 있다. 접촉에서 오는 부정적 정동은 소리에 노출된 몸이 지니는 취약성을 드러내고, 듣는 행위의 수동성을 보여주며, 자신의 의지와 상관없이 기억의 영역으로 흘러 들어오는 미지의 존재들을 확인하게 한다. 들리는 소리는 어떤 상징이나 해석의 영역에서 벗어나 그저 '존재함'으로 그곳에 있으며, 움직이고 숨 쉬고 이동하는 그 소리를 듣는 것만으로도 청자는 한때 그곳에 있던 날씨의 흔적을 겪는다. 보지 않았기에 혹은 그곳에 있지 않았기에 소리로 감각하는 풍경은 왜곡과 오해의 가능성을 늘 내포할 것

---

8 김지연, 전시 〈반쯤 열린 방〉 도록, 2016, 46.

이다. 존재하지 않았음에도 존재한다고 믿을 수 있고, 존재하는 것을 아주 오랜 시간이 지난 후 알아챌지도 모른다. 그럼에도 듣기라는 행위 속에는 '날씨'라는 유일무이한 흔적이 남아 있고, 그 순간을 추측하고 귀 기울이고 해석하고 조합하는 과정의 반복은 생동하는 자연과 연결되는 연습이 되기도 할 것이다. 이때 경험하는 시간성은 나를 중심으로 주변 환경을 편집하고 조율하며 '확장하는' 닫힌 현재를 넘어, 바깥에서 밀려 들어오며 수동적으로 열리고 '확장되는' 현재에 더 가깝다. 그것은 '나'라는 존재가 내는 소리를 바깥에서 들리는 소리와 분리할 수 없다는 깨달음이자, 바깥을 향한 귀 기울임은 늘 안쪽을 향한 살핌과 함께 갈 수밖에 없다는 자각이기도 하다. 자신 이외의 존재에 귀를 기울인다는 것은 이렇듯 자신 안에서 들리는 소리에 대한 알아차림과 늘 맞닿아 있다. 웨더 리포트는 듣는다는 행위에 늘 타자와의 연결에 대한 책임이 따른다는 점을 되뇌면서도, 듣고 기억하기의 무거움이 결국은 자신을 돌보는 동력이자 리듬이 된다는 성찰을 보여준다. 하루하루의 변화를 관찰하고 예민하게 감각하며, 매일 달라진 물과 공기의 흔적을 바라보는 웨더 리포트 작업은 세계를 기억하는 일이 자신을 기억하는 일이라는 역설적인 깨달음으로, 나와 세계가 연결된 듣기의 방식으로 우리를 데려가고 있다.

4. 물속에서 다시 쓰기

고정된 자리에서 무언가를 배제하고 판단하는 귀가 아닌, 끊임없이 청해 듣고자 진동하는 귀를 상상합니다. 그 귀는 자신의 취약성을 압니다. 그렇기에 자신의 불안정한 떨림 속에서 찰나의 공명이 발생하는 순간이 더없이 귀합니다. 타자의 떨리는 목소리를 들은 자는 떨림의 증언자가 됩니다. 듣는 자는 곧 함께 말하는 자입니다. 우리는 이제 대화를 시작합니다.[9]

지금이 확장되는 시간성, 내면을 향한 듣기, 나를 확장하는 듣기의 감각은 오늘날 바다가 지닌 공적 기억과 사적 기억의 조우를 통해 자기 서사적 글쓰기를 탐구하는 방향으로 이어지고 있다. 일례로 유은의 작업 〈애도하는 귀〉(2025)는 개인의 사적 기억과 사회적 참사의 연관성을 반복적으로 마주하며 고통으로 남은 기억들을 듣고 다시 말하는 작업이다. 유은은 세월호 참사의 장소들에서 뱃고동 소리와 파도 소리, 비가 내리는 소리와 바닷새 소리, 휘파람 소리와 바람 소리와 같은 필드레코딩 소리와 퓨어데이터를 활용해 믹스한 소리를 전시장에 울려 퍼지게 했다. 이 소리는 혼합되

---

9 유은 외, 『애도하는 귀』, 히스테리안, 2025, 198.

고 재구성된 것이지만 특정 기억의 날씨를 이미지화하며, 개인의 기억과 사회적 기억, 실재와 허구의 경계를 흔들며 청자를 초대한다. 듣기를 통해 애도하고 기억하는 행위는 세이렌의 노래처럼 고통스럽지만, 듣기의 공동체는 그 고통을 함께 통과하며 연루됨을 만들어낼 수 있다고 작가는 말하고 있다. 비슷한 사례로 언러닝 스페이스에서 주최한 전시 〈우정: 섬 안의 섬〉(2023)과 〈아구아 비바(Agua Viva)〉(2024-) 프로젝트는 인간이 물과 함께 지구의 다른 생명체들과 연결되어 있다는 하이드로 페미니즘, 혹은 에코 페미니즘의 태도를 탐구하였다. 여기서 '아구아 비바'는 해파리, 혹은 살아 있는 물이라는 의미를 품고 있다. 참여 작가들은 형태로부터 자유로우면서 동시에 경계와 구조를 넘어선 것으로 '물'을 바라보며 유동성, 투과성, 창조성과 같은 물의 속성을 여성적 글쓰기에 반영하는 작업을 시도한다. 이는 바다로부터 시적이며 정치적인 목소리를 찾아, 물속에서 다시 쓴 이야기들로 바다를 향해 응답하고 있는 것이다. 여성적 글쓰기를 주장했던 프랑스 철학자 엘렌 식수(Helene Cixous)는 언어라는 것이 온전히 번역될 수 없다는 점을 강조하며 언어의 몸이라고 할 수 있는 기표를 고정될 수 없고 끊임없이 변형 가능한 인간의 몸과 나란히 놓았다. 이 지점에서 성차나 성별, 성적 정체성이라는 현실의 문제와 언어 문법 내부에서 발생하는 문제는 단순히 은유로서가 아니라 직접적으로 맞닿는다. 그렇게 언어의 몸을 유희하며 여성적 글쓰기는 기표가 갖고 있는 수많은 의미 중에서 가장 근원적이고 심원한 곳, '알려지지 않은 것', '저 멀리 있는 진실'을 향하기 위해 자신의 경험과 감각에 기반한 글쓰기를 수행한다.[10] 이러한 시도는 알렉시스 폴린 검스(Alexis Pauline Gumbs)가 해양 포유류의 바닷속 삶으로부터 흑인 페미니즘의 실천을 확장시킨 것과도 닿아있다. 그는 밤낮으로 끊임없이 소리를 내고 소리를 탐지하고 서로의 위치를 수시로 확인하고 묻는 인더스강돌고래의 수용형 언어를 언급하며 "우리가 '자아'에서 발견하기 두려워하는 걸 정확히 '서로'에게서 찾자는 초대"로서 "어둡게 듣기"를 강조한다.[11] 이처럼 다른 방식으로 듣기는 다른 방식으로 말하기, 다른 방식으로 쓰기로 인간을 이끈다. 바다는 다르게 기억하는 법을 성찰하게 하는 곳이자, 인간이 당연시 여겼던 대부분의 것들을 포기하게 만드는 곳으로서 동시대 미술 안에서, 그리고 지구라는 행성 위에서 '우리'의 불/가능성을 재고하는 가장 깊고 멀리 나아가는 장소가 되고 있다.

---

10 엘렌 식수, 신해경 역, 『글쓰기 사다리의 세 칸』, 밤의책, 2022, 17.
11 알렉시스 폴린 검스, 김보영 역, 『떠오르는 숨』, 접촉면, 2024, 102.

전솔비
서교인문사회연구실 회원. 시각문화를 연구하며 전시와 책을 기획한다. 한국 사회의 소수자 운동 역사 속에서 예술과 노동, 활동의 절합이 만들어낸 실천성과 모순에 대해 연구하고 있다.

♪ 소설

외롭고 고요한

이정임

아침부터 책상 구석에 엎어 둔 전화가 계속 울렸다. 유진은 소설을 쓰고 있었고 소리가 들려도 전화기를 찾지 않았다. 이 시간에 울리는 전화라면 원고독촉이 분명하니까. 아니라고 하더라도 스팸 전화 말고는 올 전화가 없다. 몇 없는 지인은 아주 가끔 카카오톡으로 안부만 주고받았고 가족은 반년 넘도록 연락하지 않았다. 유진은 월간지에 연재하는 손바닥 소설의 마지막 부분을 계속 확인하고 있었다. 고민할수록 나쁜 선택을 한다는 걸 경험으로 알면서도 그랬다. 마감의 마감, 그 마감의 최종 마감이 지난밤이었다. 담당 기자가 출근해서 메일함에 도착한 유진의 원고를 이미 확인했어야 한다. 그이는 어금니를 꽉 깨물고 유진의 번호를 찾았을 거다. 휴대전화에 유진의 번호는 '상습 연체자'라는 이름으로 등록되어 있을지 모른다.

아무도 보지 않았지만, 휴대전화 소리가 멎을 때까지 유진은 숨죽였다. 전화벨이 울리거나 문 두드리는 기척이 들리면 하던 일을 가만히 멈추고 소리가 끝날 때까지 기다렸다. 돈이나 사람에 쫓기는 시기가 되면 나오는 유진의 습관이다.

소리가 멎자, 유진은 열패감에 휩싸였다. 구차하게 굴지 말고 원고를 보내야 했다. 하지만 밤새 유진이 쓴, 모니터에 찍힌 글자의 총합은 내용의 질을 보장하지 않는다. 마이너스 통장. 유진은 원고를 쓸 때마다 마이너스 통장을 개설하는 기분이었다. 빚진 마음으로 글을 쓰고 그 빚을 갚으려고 다음 글을 쓰지만, 다시 빚을 지고 마는. 그래도 유진은 성실히 쓴다. 마음의 빚 따위야 없는 척이 되지만, 각종 고지서와 통장에 찍힌 실물의 숫자는 모른 척할 수 없다. 대출금을 갚고 월세를 내야 하며 식재료를 사야 살 수 있다. 무엇보다, 네로의 약을 사야 한다. 고양이 카페에서 신장 질환 보조제를 공동 구매한다고 했다. 기존에 먹이던 아조딜과 같은 성분의 약이라고 했다. 육 개월치 약을 한꺼번에 사면 할인해준다고 해서 카드로 삼십만 원 할부 결제를 해뒀다. 이것 말고도 먹여야 하는 약이 몇 가지 더 있다. 네로가 먹는 처방식 사룟값이 다음 달부터 크게 오른다고 해서 그것도 미리 몇 개를 샀다. 유진이 신경을 쓴다고 썼지만 나이 들면서 소화력이 떨어지는지 요즘 네로의 구토가 잦아졌다. 소화 효소를 더 추가해야 할지도 모른다. 오늘 보내는 글의 고료는 모두 다음 달 네로의 것이다.

네로는 유진의 책상 옆 창가에 설치한 해먹에서 옆으로 누워 자고 있었다. 유진과 사는 검은색 수컷 고양이. 올해 16살이 되었다. 골격이 큰 편이고 가슴이 시작되는 부분에 하얀 털이 가로로 5cm 정도 나 있어서 유진의 친구 하영은 네로를 반달곰이라 부르기도 했다.

유진은 되는 일이 없어서 딱 죽고 싶을 때 네로를 만났다. 아빠는 돈 벌 노력을 하지 않는다며 유진을 비난했고, 공모전에 낸 소설들은 본심에도 언급되지 못하고 죄다 탈락하고, 편의점 사장은 알바비를 자꾸 며칠 지나 입금해서 사람을 치졸하게 만드는 통에 유진은 매일 바닥만 보고 걸었다. 길바닥에는 많은 것이 있었다. 간밤에 누군가 게워낸 토사물, 둥근 껌 자국, 납작하게 찌그러진 콜라 캔, 흐르다 굳은 초록 방수 페인트 자국, 아스팔트의 팬 자국…, 그리고 버려진 고양이. 비 오는 날, 길 한가운데에서 사지를 버둥거리는 새끼 고양이를 발견했다. 태어난 지 얼마 안 되어 주먹보다 작고 눈도 못 뜬 네로는 유진의 집으로 옮겨졌다. 유진은 두 시간에 한 번씩 분유를 타서 먹이느라 잠을 못 잤다. 알바를 갈 때도 가방에 담아 사장 몰래 품고 일했다. 몸이 힘들어 진짜 죽을 것 같던 두 달이었다. 하지만 고양이가 곧 죽어도 이상하지 않을 무언가에서 '네로'가 될수록 유진은 살고 싶어졌다.

유진이 부드럽고 말캉한 네로의 옆 가슴에 손을 올렸다. 오월 중순의 뜨끈한 봄볕이 그대로 느껴졌다. 주인의 기척을 느낀 네로의 가슴에서 골—골—골—골— 진동이 울렸다. 기분 좋음을 알리는 신호. 고양이 가슴에는 사람 마음을 나른하게 데워주는 보일러가 있다. 그런 믿음을 가진 유진은 가만히 앉아 오래도록 진동을 느꼈다. 눈을 감고 숨을 죽인 채로. 네로에게서 데워진 온수가 유진의 손을 타고 피부로 스며들어 뾰족하게 날 선 신경을 녹였다. 잠에서 깬 네로가 상체를 일으켜 유진의 손을 핥고 손이 닿은 자리의 털을 핥았다. 유진은 퍼뜩 몸을 고쳐 앉아 이메일에 접속했다. 그래, 지금 이대로 글을 보내자. 메일 전송이 완료되자마자 전화가 다시 울렸다. 유진은 변명 거리를 생각하며 전화를 받았다. 죄송합니다, 주 기자님, 하고.

—나다.

유진은 귀에서 전화를 떼고 화면에 찍힌 발신자를 확인했다. 아빠. 반년 만에 연락이 닿은 유진에게 다짜고짜 '나'라고 선언하는 사람.

—큰일이 났다!

화면 안쪽에서 유진의 아빠, 호석의 목소리가 크게 들렸다. 유진은 아무 대답도 하지 않았지만, 호석은 개의치 않고 계속 말을 이어갔다.

—다리가 부러졌다.

*

큰일이 났다.

지난 10년 동안 이 문장은 소환술의 주문처럼 유진을 호석 앞으로 찾아가게 했다.

큰일이 났다. 잠을 못 잔다.

큰일이 났다. 방이 냉골이다.

막상 호석과 대면하면 '큰일'은 별일이 아니게 되었다. 낮 동안 커피 믹스를 여섯 잔이나 마시니 잠이 안 오는 거라고 유진이 지적하면, 그걸 안 마시고 일은 어떻게 하냐고, 일 안 하고 놀면 돈이 저절로 생기느냐고 호석이 반문했다. 보일러 난방수 밸브를 좀 더 열어둬야 방이 따뜻해진다고 말하면, 그렇게 열어두면 가스비는 네가 낼 거냐고 호통쳤다. 둘은 결국 다투었고 일이 마무리될 때쯤에 다신 연락하지 말자고 화내고 헤어졌다. 유진에게는 그 전 과정이 '큰일'이 되었다. 그러니까 호석이 통화 시작부터 다짜고짜 큰일이 났다, 외치는 건 유진에게 곧 닥칠 위기를 알려주는 경보음이었다.

호석 인생의 큰일은 참으로 많았겠으나 유진 인생의 위기를 알려준 경보음, 그러니까 유진이 최초로 기억하는 호석의 '큰일이 났다.' 소리는 초등학교 4학년 때다. 아무도 없는 집에 문 열린 장롱 속이 엉망인 것을 본 호석은 도둑이 들었다고 생각했다. 검은 비닐로 싸서 양변기 수조에 숨겨둔 비상금이 있는지부터 확인했다. 그 시각, 학원 마치고 친구들과 떡볶이를 사 먹고 놀이터에서 놀던 유진은 늦었다고 혼날까 봐 잔뜩 긴장하고 현관 앞에 섰다. 열쇠를 찾아 문에 꽂으려는데 벌컥, 문이 열렸다. 유진과 눈이 마주친 호석은 외쳤다.

—큰일이 났다!

구체적인 잔소리 없이 다짜고짜 큰일이라니, 그것도 엄마가 아닌 아빠의 호들갑이라니, 유진은 낯선 상황에서 신선함마저 느꼈다. 호석이 외친 큰일은 오십만 원에 가까운 돈뭉치가 사라진 거지만 뒤에 닥쳐올 일에 비하면 아무 일도 아니었다. 유진의 엄마, 경숙이 집을 나갔다. 같은 아파트 단지 여자들의 곗돈을 몽땅 들고.

*

유진은 전화를 받으며 오전 시간을 다 보냈다. 어쩌다 다리가 부려졌냐는 질문에 호석은 이리저리 발음을 뭉개며 대답을 피하고 자기 할 말만 했다. 몸만 덜렁 와서 진료받다가 갑자기 입원했다며, 당장 병원서 쓸 물건이 없고 집은 엉망이고 이 몸으로 항암 치료는 어떻게 받냐고, 병원비가 어마무시하게 나올 텐데 어떡하냐고, '큰일이 났다'의 자매품인 '걱정이다'를 연발했다. 유진은 횡설수설하는 호석에게 괜찮을 거니 조금만 기다리라고 다독이다가 호석이 했던 말을 또 반복하자 입을 다물었다. 호석은 혼자 답답해하다 전화를 끊었다. 유진은 병원 간호사의 전화도 받아야 했다.

―보호자인 따님이 오후에 오신다고 해서 담당 의사 박명수 과장님 면담 잡아뒀습니다. 오늘 과장님 수술 있는 날이라 면담은 3시 이후에 가능한데 괜찮으세요? 병원 입원에 필요한 물품 알려드릴 테니까 챙겨서 내원하시고요. 우리 병원이 간호간병통합서비스 시행 중이라, 병실에 보호자 방문 안 되거든요. 입원일, 수술일, 퇴원일에만 병실 출입 가능합니다. 오늘은 간병하는 선생님이 환자 모시고 여러 가지 검사받으러 다닐 겁니다. 급하게 안 오셔도 됩니다. 오시면 1층 입원과에 들러서 방문자 인적사항 등록하고 방문증 받아서 환자 보러 올라가세요. 3시 이후에 2층 관절센터로 오시면 면담 진행할게요.

마감한 날은 보통 밀린 집안일을 하며 맥주를 마셨는데 그럴 수 없게 되었다. 우선 설거지, 빨래를 했다. 네로에게 습식사료와 관절염에 좋다는 안티놀을 먹이고 나니 밥을 먹지 않은 것이 생각나 라면을 끓였다. 냄비 받침을 식탁에 두다가 꿀렁꿀렁, 익숙한 소리를 들었다. 네로가 토하는 소리다. 유진은 황급히 네로에게 뛰어갔다. 해먹 근처 바닥에 미리 펼쳐서 깔아둔 배변 패드를 네로의 입 아래 받쳤다. 소화되지 않은 습식이 쏟아졌다. 네로는 고개를 돌려 입을 짭짭거렸다. 아직 토할 것이 더 남았다는 뜻이다. 패드 가장자리로 구토한 부분을 덮고 아직 깨끗한 부분을 네로 입 아래 댔다. 네로는 혀를 빼고 꿀렁꿀렁, 속엣것을 게워내면서도 패드를 피하려 했다. 그것마저도 익숙한 듯 유진은 네로의 가동범위를 좁히기 위해 바짝 붙여 패드를 댔고 다행히 토사물은 모두 패드에 안착했다. 유진이 패드를 거두자 네로는 해먹에서 내려갔다. 좀 더 토할지도 모르지만, 방바닥에 토한 것은 걸레로 닦아내면 되니 귀찮게 하지 않고 내버려 두었다. 유진의 오랜 경험상 집요하게 따라다니며 토사물을 치우면 네로의 구토 시간이 늘어났기 때문이다.

식탁으로 돌아와 라면을 건졌다. 불어터진 면은 쫄깃함이 다 사라져 건질 때마다 끊어졌다. 국그릇에 건더기와 국물을 대강 붓고 찬밥을 말아서 숟가락으로 입에 떠 넣었다. 밥알을 씹으며 네로를 지켜봤다. 네로는 그사이 바닥에 한 번 더 토했다. 유진은 휴대전화 캘린더 어플을 열었다. 오늘 날짜에 '3시 네로 토(습식)'라고 썼다. 한 달 전까지는 일주일에서 열흘에 한 번꼴로 토했는데 2주 전부터 구토 간격이 나흘에 한 번꼴로 짧아졌다. 유진은 네로가 다니는 동물병원 예약을 해야 하는지 고민했다. 1년 넘게 병원에 가지 않았으니 이런저런 검사를 다 하면 최소 사십만 원이 필요했다. 어쩌면 노령묘라 췌장염과 갑상선 검사 등을 추가하면 이십만 원 정도 더 들 수 있다. 유진은 이달 카드 한도가 얼마나 남았는지 가늠했다. 그러다 생각했다. 역시 하영에게 돈을 빌려줄 처지가 아니었다고.

유진이 유일하게 의지하는 친구, 하영은 재테크 공부하는 모임에서 서른다섯 살 동갑내기 애인을 만났다. 애인이 결혼 제안을 했다고 했다. 그동안 모은 결혼자금으로 과감하게 투자해보자고. 하영은 주식과 코인에 전 재산을 투자했고, 결과는 처참했다. 하영의 애인은 빚을 탕감받으려고 개인회생을 알아볼 정도라고 했다. 하영은 유진에게 월급 받으면 다음 달부터 백만 원씩 나눠 갚고 이자도 두둑이 챙겨 주겠다며 오백만 원만 빌려달라고 했다.

12년 전, 네로가 요로결석으로 사경을 헤맸다. 응급처치를 받고 병원에 입원시킨 유진에게 호석은 그깟 고양이한테 큰돈을 왜 들이냐고, 안락사를 시키라고 했다. 안락사에도 돈이 든다고 유진이 말하자, 호석은 그럼 어디 산에 갖다 버리라고 했다. 유진은 네로가 살아서 무사히 퇴원해도 아빠와 함께 살기는 어려울 것 같았다. 자신이 알바를 하는 동안 호석이 네로를 진짜 내다 버릴지도 모른다. 도망간 엄마를 기어코 찾아내 호되게 갚아 준 걸 생각하면 그랬다. 그때 하영이 나서서 자기 방을 내주고 네로 병원비 백오십만 원도 내줬다. 간호사로 취업한 지 얼마 안 되어 정신이 없을 텐데도 그랬다. 원룸 보증금을 벌 때까지 네로와 유진은 하영의 집에서 더부살이했다. 네로는 신장 하나가 망가지긴 했지만 살았고 유진은 네로와 무사히 독립할 수 있었다. 유진은 이번에야말로 자신이 하영을 도울 기회라고 생각했다. 없는 살림이지만 통장에 있는 현금을 털어 하영에게 보낸 것이 지난 달이었다.

*

유진이 못 본 사이 호석은 살이 많이 빠져 있었다. 막상 얼굴을 마주하니 어색해서 둘은 말없이 유진이 급하게 챙겨 온 물건만 확인했다.

호석은 암 환자다. 간에서 발견한 암 덩어리 위치가 나빠 수술받기 어려웠다. 색전술을 받고 이 년여 큰 문제 없이 지내다가 반년 전에 담도와 폐, 어깨뼈에서 전이된 암을 발견했다. 항암 주사와 방사선치료를 받기 시작했다. 첫 항암 때, 호석과 유진은 입원부터 결과를 보는 진료까지 옥신각신 싸워가며 함께했다. 대학병원의 진료 체계에 맞춰 검사실을 찾아가고, 접수하고, 대기하고, 검사받은 다음, 다른 검사실로 이동하는 과정은 사람을 금세 지치게 했다. 호석은 검사와 검사 사이마다 짜증과 화를 내며 종알거렸고 그럴수록 유진은 아무것도 듣지 못한 척 입을 다물었다. 다음 항암 날짜를 예약하면서 호석은 '딸이라고 있는 너는 아무짝에도 도움이 안 되니 앞으로는 혼자 다니겠다.' 했고 유진은 수긍했다. 하지만 다음 항암 입원날, 호석은 전화를 걸어 유진을 타박했다. 암만 오지 말랬다고 해도 그러는 게 어딨느냐고, 자식 다 필요 없으니 부모 찾지 말라고. 둘은 지금껏 연락하지 않았다.

의사가 보여주는 모니터에 호석의 무릎뼈 한가운데가 세로로 쪼개져 있었다. 호석은 밤도 아닌 한낮에 길을 걷고 있다가 돌멩이 하나 없는 곳에서 그냥 나자빠졌다며 작은 소리로 중얼거렸다. 유진에게 말하지 않으려던 부끄러운 이유를 의사에게는 소상히 설명했다.

―인대는 괜찮고 나이에 비하면 관절도 튼튼하시고… 살 바깥에서 구멍을 작게 내고 나사 두 개 박으면 수술은 끝납니다. 그만큼 간단한데, 문제는… 하아….

그는 호석의 항암 이력을 염려했다. 피가 잘 멎지 않기도 하고 백혈구 수치가 낮으면 골치가 아파진다고도 했다. 불편하겠지만 암 치료받는 병원에서 소견서를 받아오라고 했다. 마침 며칠 뒤에 대학병원 진료가 잡혀 있어서 그때 소견서를 받아 수술 논의를 하기로 했다. 호석이 앉은 휠체어를 밀고 나가려는데 의사가 말했다.

―역시 딸이 있어야 하네요. 일하다 왔을 텐데… 효녀네요. 요즘 부모님 아프다고 이렇게 챙기는 자식 별로 없습니

다. 우리 아들들은 나중에 부모를 좀 봐주긴 하려나, 고민입니다.

그 말에 호석이 허허, 웃었다. 휠체어를 밀어본 적이 없는 유진은 모퉁이를 돌 때마다 회전각을 잡지 못해 여러 번 멈춰야 했다. 살이 빠졌다고 해도 호석의 몸이 큰 편이라 평지를 밀고 가는데도 힘들었다.

침대에 누운 호석이 사물함에서 바지를 꺼내 달라고 했다. 바지를 건네받은 호석은 자신의 몸을 벽 쪽으로 돌려 보이지 않게 하고 주머니를 뒤졌다. 한참 꾸무럭거리다 다시 바지를 내밀며 제자리에 두라고 시켰다. 유진은 바지를 넣으며 사물함 물건을 정리하고 일어섰다. 호석이 불쑥, 손을 내밀었다. 호석의 집 열쇠였다.

―모레쯤 시간 되면 갈아입을 속옷을 좀 가져와라.

유진이 열쇠를 받아들자 호석은 다른 손으로 오만 원권 여섯 장을 내밀었다.

―니 통장에 이 돈을 넣어놔라. 여기 뒀다가 누가 훔쳐 가면 안 되니까. 통장을 새로 발급받아서 그, 뭣이냐, 카드도 만들어서 나를 주면 더 좋고. 나는 지금 은행에 가질 못하니까. 그 카드로 나중에 대학병원 기계 계산도 하면 되고. …여기 오고 가는 차비는 거기서 빼, 써라.

불신과 고집으로 살아가는 호석이 남에게 돈을 맡기다니. 암 확진을 위해 대학병원 진료를 받던 날, 병원비를 수

납하려는데 점심시간에 걸려서 그런지 앞선 대기자가 30여 명 가까이 되었다. 호석은 아픈 사람을 왜 이리 오래 기다리게 하냐고 혀를 찼다. 유진은 호석을 데려가 비대면 기계 수납을 했다. 기계로는 현금 계산이 불가능해 유진의 카드로 결제했다. 일흔이 넘은 호석은 자신의 명의로 된 체크카드와 신용카드를 만들지 않았다. 빚지는 일을 경계하는 데다 '은행 놈들이 권하는 건 믿을 수 없다'가 호석의 논리였다. 호석은 혼자 병원에 가는 날엔 꿋꿋이 기다려서 대면 수납을 했다. 직불카드가 있긴 했지만, 자동화기기를 이용할 때만 썼다.

유진은 호석의 부탁이 낯설었다. 이 돈으로 카드를 만들었다가 어떤 질책을 당할지 몰라 고민됐다. 유진이 망연히 돈을 바라보기만 하고 서 있자, 호석은 유진의 겉옷 주머니에 돈을 찔러 넣었다. 그리고 얼른 가라며 손을 휘젓고 자리에 누웠다. 유진은 좀 더 서 있다가 간다는 말만 짧게 하고 병실을 나섰다.

유진은 엘리베이터를 타고 내려가면서 호석이 준 돈을 꺼냈다. 이 돈을 차비로 쓸 수 있다니…. 성인이 되고 처음 받아보는 돈이라 유진은 자신이 무엇을 잘못했나 되짚어보기까지 했다. 하긴, '병원 놈들은 믿을 수 없다' 떠들던 호석은 막상 암에 걸리자 대학병원에서 말하는 치료를 열심히 따랐다. 요즘은 카드 결제가 보편화되었으니 여러 면에서 불편함을 느꼈을 것이다.

혹시, 의사가 효녀라고 한 말이 호석을 너그럽게 만들었을까. 코미디언 박명수가 "효도는 셀프"라고 했지만, 유진은 아빠를 위해 나서서 뭘 해본 적이 없다. 유진이 의지를 다지기 전에 호석이 먼저 요구했다. 의사 박명수가 "딸이 효녀"라고 한 것은 여성에게 일방적으로 주어지는 돌봄의 자리를 조금만 생각해봐도 알 수 있는, 영 못마땅한 수식어지만, 호석은 웃었다.

유진은 병원 옆 은행에 가서 바로 계좌를 개설했다. 호석의 돈을 가지고 있으면 골치 아파질 게 분명했다. 체크카드도 함께 개설하고 호석이 준 돈 삼십만 원을 입금했다. 병원으로 돌아가 6층 간호사실에 통장과 카드를 맡겼다. 병원에서 나오는데 호석에게 전화가 왔다. 위험하게 왜 남한테 그런 걸 맡기냐는 잔소리를 들어야 했다. 유진은 조용히 듣고 있다가 비밀번호 네 자리만 말하고 전화를 끊었다. 지금은 없는, 예전 집 전화번호 뒷자리였다.

유진과 호석은 애틋한 사이가 아니었다. 물론 같은 반 아이의 아빠들과 다르게 호석은 밥을 짓고 빨래를 하는 등 집안 살림을 잘 수행했고 학교 행사를 알리는 가정통신문을 챙겨—돈이 많이 든다고 늘 투덜거리면서—읽었다. 하지만 유진의 세세한 생활이나 성장 과정은 신경 쓰지 않았다. 엄마가 돈을 들고 튀었다는 소문이 돌자 아파트단지에는 유진과 놀아주는 친구가 없었다. 호석은 빚을 갚기 위해 회사 일을 마치고 돌아오면 과일 가게에서 일했다. 새벽까지 유흥업소 등에 필요한 과일을 주문받고 배달했다. 쪽잠을 자고 회사에 출근했고 주말에도 일했다. 그래서 유진의 사정을 잘 몰랐다. 아니, 알려고 하지도 않았다. 둘은 대화를 해 본 일이 거의 없었다. 지긋지긋한 그 아파트를 떠나기 전까지 유진은 혼자 지내야 했다. 그래도 호석에게 아무 말 하지 않았다. 혼자인 건 참을 수 있었다. 그보다 어른들의 말을 참을 수 없었다.

경숙이 곗돈을 들고 집 나간 이후, 옛 계원들은 다달이 정한 날짜에 호석에게 돈을 받기로 했다. 입금이 늦는 달에 찾아온 빚쟁이들은 현관 너머에 죽치고 앉아 수다를 떨었다. 노름방에서 살고 있다더라, 바람이 나서 다른 살림을 차렸다더라, 온갖 소문을 갖다 붙여서 경숙을 멸시하는 말들. 아내 단속도 못 하고 제때 돈을 갚지 않는다며 호석을 비난하는 말들. 유진과 같은 층에 사는 사람들이 그 소문에 가세하기도 했다. 현관 앞 복도의 목소리들이 커질수록 유진은 조용해졌는데 화장실도 가지 않고 밥도 먹지 않았다. 가만히 앉아 소리 내는 걸 참았다. 아파트를 떠나 어른이 되어서도 유진은 쫓기는 기분이 들 때마다 들리는 소리를 견디고, 내는 소리를 참았다.

그때의 빚쟁이들은 경숙과 잘 어울리던, 같은 아파트 사람이다. 경숙이 집 나가기 전에, 그들은 유진에게 용돈을 주거나 슈퍼에 데려가 과자를 사주곤 했다. 빚을 진 이후에 간혹 길에서 그들을 만나면 유진은 어정쩡한 자세로 꾸벅 고개를 숙였는데 어른들은 차가운 표정으로 대답만 하고 쌩하니 지나갔다. 딱 한 번, 그들 중 한 여자가 우연히 만난 유진을 불러세웠다. 엄마한테 연락 없었냐고 물으며 장바구니에서 요구르트를 꺼내 손에 쥐어줬다. 혹시 엄마가 전화하면 '엄마 어딨어, 나 데리러 와' 이 말을 꼭 하라 당부했다. 그 뒤로 유진은 그들을 마주치지 않으려 골목이나 차 뒤에 숨곤 했다. 유진은 누구와 어떤 말도 하고 싶지 않았다.

*

번화가를 중심으로 동쪽은 새롭게 개발된 지역이라 젊은 사람이 즐겨 찾았고 북쪽은 오래된 전통시장이 있어 중장년 이상의 사람이 많았다. 호석이 입원한 병원은 번화가의 북쪽에 있었다. 병원을 나와 도시철도가 있는 시장 방향으로 걷는데 좌판을 깐 노인이 많았다. 상추, 깻잎, 고구마, 버섯, 바나나… 박스를 찢어 만든 표지판에는 이천 원 혹은 2000, 글자들이 적혀 있었다. 카드를 들고 다니는 동쪽 사람과 다르게 북쪽 사람들은 대개 현금을 들고 다녔다. 불편할

만도 한데 얼굴을 맞대고 가격을 흥정하거나 조리법을 논의했다. 대형 약국이 밀집한 곳에는 우루사나 아로나민 골드, 까스활명수를 대량으로 사 가는 노인들이 있었다.

유진이 마늘 껍질 까는 할머니를 유심히 보게 된 건 종이 가격표도 없이 집에서 쓰는 사기 국그릇에 마늘을 담아 팔고 있었기 때문이다. 다른 사람들은 상품을 보기 좋게 진열하거나 파라솔을 펼치고 좌판을 넓게 써서 이목을 끌었는데 할머니는 종이 상자를 펼치고 그 위에 앉아 껍질 깐 마늘이 담긴 국그릇 하나만 앞에 두고 있었다. 통마늘을 무심히 까다가 멈춰선 사람이 있으면 올려봤다. 아무 말도 하지 않고 보다가 저쪽에서 말이 없으면 다시 마늘에 집중했다. 자그마한 몸을 공벌레처럼 둥글게 말고 마늘 껍질을 까는 할머니.

국그릇에는 상처 하나 없는, 반달 같은 마늘이 수북했다. 유진은 상상했다. 밤이 나오는 시기에는 저렇게 웅크리고 밤을 깎겠지. 뽀얀 속살을 둥글게 둥글게 깎아 달을 만드는 할머니. 깎을수록 할머니 몸은 더욱 둥글게 그믐달처럼 작아지겠지. 달이 되는 마늘. 달이 되는 밤. 달이 되는 할머니. 껍질 까는 두 손이 오르내리는 게 치성을 드리는 모습 같기도 했다. 마늘에, 밤에, 달에, 자기 자신에게, 어떤 소원을 빌고 계시나. 유진은 다음 달 손바닥 소설의 소재를 찾았다고 생각했다. 유진이 마늘 얼마냐고 묻자 할머니는 손가락

두 개를 펼쳐 보였다. 국그릇에 담긴 작은 달들을 이천 원 주고 샀다.

또독, 하고 휴대전화 알람이 들렸다. 유진의 계좌에 200만 원이 입금됐다는 알람이었다. 유진이 놀라 앱을 열었더니 좀 전에 개설한 계좌에 이호석 님이 입금했다는 소식이었다. 간병사를 불러 바로 병원 1층 은행 자동화기기를 찾은 모양이었다. 대학병원 진료까지는 아직 남았는데 왜 벌써 입금했을까, 유진은 궁금했다. 곧이어 또독, 하고 알림 창이 떴다. 은행 옆 편의점에서 카드로 12,600원 결제했다는 내용이었다. 유진은 호석이 즐겨 먹는 바나나우유와 카스텔라를 떠올렸다. 또 무엇을 샀으려나…. 현금은 위험하고 카드는 안전하다고 생각하는 호석의 논리를 생각하다가 유진은 피식, 웃어버렸다.

*

켁.

짧지만 불길한 소리에 유진은 눈을 떴다. 고요했다. 실제 난 소리인지 꿈에서 들은 건지 헷갈렸다. 모처럼 온종일 소설에 몰입했던 날이라 깊이 잠들었던가 보다. 몸을 일으켜 네로부터 찾았다. 평소 유진의 다리에 기대거나 해먹에 올라가 자는 네로가 보이지 않았다. 네로야, 네로오, 유진은 뒷글자를 길게 발음하며 네로를 부르고 기다렸다. 부르면 강아지처럼 오는 아이인데. 네로의 발톱이 바닥을 긁으며 내는 소리가 나지 않았다. 오른쪽 뒷다리를 절뚝이며 걷기 때문에 엇박자처럼 딱, 차악, 딱, 차악, 그런 소리가 나야 하는데. 유진은 벌떡 일어나 집 안의 불을 모두 켰다. 새벽 5시. 발바닥이 축축해 내려다보니 네로의 토사물을 밟고 있었다. 유진의 이불에도 토사물 흔적이 있었다. 양은 많지 않았지만, 횟수가 잦았다. 토하는 소리도 못 듣고 자고 있었단 말인가. 유진은 급히 움직였다.

네로는 욕실 바닥에 둥글게 몸을 말고 있었다. 너무 웅크리고 있어서 네로의 몸피가 줄어든 것 같았다. 유진은 욕실에 들어가 네로를 살폈다. 네로, 하고 부르니 엥, 하고 작은 소리로 대답했다. 얼굴과 앞발에 토사물이 묻어 있었다. 유진은 휴지를 뜯어 토사물을 닦고 네로의 등을 조심스럽게 쓰다듬었다. 그러다 문득, 유진은 무서워졌다.

네로가 골골거리는 소리를 내지 않았기 때문이다. 마음을 데워주던 보일러가 멈췄다.

*

호석은 택시 뒷좌석에 왼쪽 무릎을 펴고 비스듬히 앉았다. 택시 타는 걸 도와주던 관절센터 간호사가 무릎뼈를 고정하지 않았으니 굽히지 않게 조심해야 한다고 몇 번이나 당부했다. 유진은 앞 좌석에 앉아 숨을 돌렸다. 목덜미와 겨드랑이에서 땀이 솟은 게 느껴졌다. 간호사의 도움을 받아 호석을 택시에 태우긴 했는데 돌아올 때는 어떻게 해야 할지 막막했다. 도착해서는 기사의 양해를 구하고 호석을 택시에 둔 채 대학병원 로비를 향해 뛰었다. 신분증을 맡기고 휠체어를 빌리기 위해서다.

영상 촬영과 피검사를 마치고 간담췌 내과 앞 대기실에 자리를 잡았다. 호석은 대기실 앞 화면에 자신의 이름이 몇 번째 있는지 찾았다. 유진은 열여섯 번째에 있으니 오래 기다려야 한다고 무심히 말한 뒤, 화장실에 다녀오겠다고 했다. 세면대 앞에서 휴대전화를 꺼냈다. 홈 카메라 앱을 눌렀다. 집을 비우는 날에는 가끔 휴대전화로 네로의 상황을 살피기 위해 카메라를 설치해두었다. 네로는 오늘도 욕실에 있었다. 침대에 누워 있기도 했지만, 수시로 욕실을 찾았다. 해먹은 잊은 듯했다. 츄르처럼 향이 강한 간식만 먹고 사료는 입에 대지 않았다.

네로는 어릴 적부터 식탐이 많았다. 과식하거나 급하게 먹어 자주 토했다. 그래도 금세 나아져서 아무렇지도 않게 뛰어놀았다. 병원에서는 큰 문제 없으니 평소 과식하지 않도록 조절하고 염려되면 소화 효소를 챙겨 먹이라고 했다. 열세 살이 넘어가면서 소화 능력이 떨어지는지 속에 탈이 나면

반나절에서 하루 정도 사료를 먹지 않고 스스로 회복하곤 했다. 그런데 이번에는 사흘째 먹지 않고 있다. 신장 기능이 나빠졌을까. 유진은 애가 탔다. 고양이는 사흘 이상 굶으면 지방간이 온다. 네로를 데리고 오늘 병원에 갔어야 했지만, 호석의 병원 진료 때문에 갈 수 없었다. 유진은 호석을 관절 병원에 데려다주고 집으로 온 뒤 네로와 동물병원 가는 동선을 머릿속으로 그렸다. 동물병원 진료 마감 시간 안에 가려면 늦어도 오후 5시 30분까지는 호석을 들여보내야 했다. 유진은 하영에게 전화를 걸었다. 전화기가 꺼져 있다는 안내 음성이 나왔다. 유진은 하영에게 문자를 보냈다. 네로가 아파서 그러니 이달에 줄 백만 원을 보내 달라고.

화장실 모퉁이를 돌아 나오는데 멀리 호석이 보였다. 여전히 대기자 명단을 올려보고 있었다. 유진은 그럼 그렇지, 중얼거렸다. 호석은 가까운 이가 무슨 말을 하든 좀처럼 믿지 않고, 돈 나가는 일에는 누구보다 인색하게 굴었다. 회사를 은퇴하고 마트에서 청소일을 할 때, 회식은 참여했지만 친한 직원끼리 밥을 먹는 자리는 피했다. 유진은 호석의 고집이 나이가 들수록 심해진다고 느꼈다. 택시를 타고 이곳에 올 때도 그랬다. 기사는 내비게이션이 안내하는 경로로 운전했는데 뒷좌석의 호석은 멀리 돌아가는 걸까 봐 계속해서 가는 길을 참견했다.

호석의 담당 교수는 무릎 수술을 받아도 되겠다는 소견

서를 써주었다. 항암 일정을 뒤로 미루었다. 간호사에게 다른 병원에 입원 중이니 위탁 청구 관련 서류가 필요하다고 말하고, 약 처방도 환급을 받으려면 대학병원 내 처방이 이루어져야 한다고 말해두었다. 호석이 뜬금없이 약이 남았으니 필요 없다고 했다. 유진은 못 들은 척했다. 호석이 다시 한번, 돈 아깝게 있는 약을 왜 받냐고 툴툴거렸다. 간호사가 호석에게 대답하려고 했지만, 유진이 먼저 말했다.

―항암 날짜가 미뤄졌으니까 미뤄진 만큼 약이 더 필요하잖아! 왜 앞뒤 생각도 안 해보고 딴지를 걸어? 여러 사람 피곤하게!

자신도 모르게 큰 소리를 내버렸다. 호석은 입을 다물었다. 유진은 휠체어를 밀어 수납하는 곳으로 갔다. 늦은 오후라 수납 창구가 한산했다. 유진은 수납 접수 번호표를 뽑았다. 호석이 뭔가 말하고 싶은 눈치가 보였지만, 그것이 비대면 기계로 수납하면 되지 않냐는 질문임을 알아차렸지만, 진료비 세부 내역서 등의 서류를 발급받아야 한다는 말을 해주고 싶지 않아, 유진은 또 모른 척했다. 호석은 유진이 개설해준 체크카드를 꺼내 유진에게 내밀었다.

유진은 진료비 계산을 하고 청구 서류를 받은 다음 호석을 그대로 둔 채 다른 층에 있는 원내 약국에 갔다. 그곳에서 기다렸다가 약을 받아오느라 시간이 좀 걸렸다. 오늘 네로를 병원에 데려갈 수 있을까. 유진은 종종걸음 쳤다. 저 멀리 휴대전화를 만지고 있는 호석이 보였다. 전화기를 눈에 바투 대고 느리게 손을 움직였다. 호석의 한껏 구부린 등과 가슴 쪽으로 말린 어깨를 보며 유진은 잠깐 발을 멈췄다. 어디서 본 장면 같은데. 잠시 후, 유진의 전화기가 울렸다. 화면에 찍힌 발신자를 확인했다. 아빠. 유진은 벨 소리가 멎을 때까지 숨죽여 기다렸다.

*

호석을 관절 병원에 다시 바래다주고 급하게 택시를 잡아 집으로 향하는데 호석에게서 전화가 왔다.
―카드, 네가 가지고 있냐?
호석은 유진이 통화버튼을 누르자마자 카드의 행방부터 물었다. 유진은 카드 썼던 기억을 되짚어보며 가방을 뒤졌다. 관절센터가 있는 병원의 보안 요원이 휠체어를 챙겨와 호석을 태우는 동안 유진은 호석의 카드로 택시비를 결제했다. 6층 간호사실에 들러 발급받은 서류와 약을 전달하고 급하게 나오느라 호석에게 카드 주는 걸 잊었다. 유진이 입고 있는 카디건 주머니에 카드가 들어 있었다. 유진은 며칠 안에 병원으로 가져다주겠다고 말했다. 카드 간수 잘하라는 말에 유진은 네, 대답했다.

동물병원 수의사는 네로가 노령묘라 여러 질병 가능성이 있다고 했다. 수의사가 보여주는 모니터에 체크된 검사 항목의 예상 비용이 찍혀 있었다. 초진 진찰료 12,000. 네 종류의 혈액검사 220,000. 췌장염 키트 50,000. 방사선 촬영비 및 판독료 흉부+복부 108,000. 초음파 검사 및 판독비 55,000. 다해서 445,000. 유진은 주머니 속에 있는 카드를 만지며 고개를 끄덕였다.

네로의 가슴에 물이 차 있었다. 수의사가 분홍빛 물이 담긴 큰 컵을 보여줬다. 그 물이 네로의 가슴을 눌러 숨쉬기가 불편했을 거라고 했다. 흉수가 차 있으면 심장병을 예상하는데 심장은 큰 문제가 없다고 했다. 신부전을 예상했지만, 하나 있는 신장은 잘 기능하고 있었다. 다만, 네로의 염증 수치가 높다고 했다. 이럴 때 생각하는 건 종양. 초음파상으로 간, 비장, 췌장 등에서 결절로 의심되는 게 보인다고 했다. 유진은 네로가 암에 걸릴 거라는 생각은 해보지 못했다. 의사가 말했다. 종양을 없애는 수술이나 치료를 받으면 예상 수명은 1년에서 2년 정도 늘어난다고. 호스피스를 선택하면 함께할 시간은 더욱 줄어든다고 했다. 수의사는 어디까지나 보호자의 의견을 따르겠다고 했다.

유진은 의사가 처방해준 약을 받고 네로의 간식을 샀다. 총 65만 원을 결제했다. 집에 가는 길에 유진은 암 투병 고양이에 관한 자료를 검색했다. 천만 원, 이천만 원…. 키우는 고양이의 암 투병 기록을 올린 블로그가 많았다. 나이 든 고양이는 암 투병을 견디기 힘들다는 내용과 치료 비용이 많이 든다는 내용을 읽었다. '고양이에 드는 비용은 대부분 노후에 병원비로 몰빵해요. 사람과 비슷해요.' 돈 많이 드는 건 집 보증금을 빼면 가능했다. 다만, 유진은 네로가 항암을 원하는지 궁금했다. 네로가 목숨을 연장하기 위해 갖가지 검사와 치료를 견딜 수 있는지 묻고 싶었다. 네가 말을 할 수 있다면 좋을 텐데.

집으로 돌아와 간식부터 내주었다. 네로는 그것을 조금 핥다 욕실로 들어가 버렸다. 의사는 염증 때문에 속에서 열감을 느끼면 상대적으로 시원한 바닥을 찾아가 누울 수도 있다고 말했다.

―검은 고양이 네로, 네로, 네로.

네로를 따라 욕실에 들어가 바닥에 앉은 유진은 노래를 불렀다.

―귀여운 나의 친구는 검은 고양이.

유진이 일을 하다 문득 고개를 돌리면 네로는 늘 유진을 보고 있었다. 언제부터 유진을 보고 있었는지 모른다. 일 분일 수도, 몇 시간일 수도 있다. 네로의 고요하고 뜨거운 눈빛에 유진은 늘 감탄했다. 동그란 보름달처럼 커졌다가 초승달처럼 가늘어지는 네로의 눈동자. 네로의 눈을 오래 보면 거기 비친 유진의 모습도 보였다. 네로와 눈을 맞추고 손을 내밀면 네로는 그 손에 이마를 맞대며 기꺼이 반겼다.

―밤이면 온 세상 깜깜하게 되어도 그대의 눈동자는 반짝이는 별.

네로는 스핑크스처럼 엎드려 고개를 든 채로 꾸벅꾸벅 졸았다. 유진은 수건을 접어 네로의 턱 아래에 받쳐 두었다. 네로의 얼굴을 마주 보기 위해 옆으로 누워 몸을 둥글게 말았다. 조용히 노래를 흥얼거렸다.

―외롭고 고요한 어둠 속에도 그대만 있어 주면 마음 든든해.

*

네로는 3주 뒤에 죽었다. 네로의 몸은 항암을 고민하기도 전에 빠르게 무너졌다. 그동안 유진은 주사기로 네로의 등에 비타민제를 탄 피하수액을 놓았다. 병원에 가서 흉수를 또 뺐고 복수도 차기 시작했다는 말을 들었다. 좀 더 강한 약을 지어 먹였지만, 식욕은 완전히 사라졌다. 죽기 직전 마지막 세 시간은 통증 때문에 몹시도 힘들어했다. 모든 게 끝나고 조용해지자 유진은 오히려 안도했다.

네로를 돌보는 동안 호석은 무릎 수술을 받고 퇴원했다. 하지만 호석의 몸도 그사이 많이 상해서 탈장이 생겼다. 식도가 찢어져 혈변을 보는 바람에 응급실에 가서 수혈을 받기도 했다. 유진은 네로와 호석의 병시중 때문에 정신이 없었다. 그 사이 마감일이 닥쳐왔는데 소설에 집중하지 못했다. 누군가의 간절함을 담은 이야기가 소설이라고 생각해온 유진은 하필 소원이라는 소재로 글을 쓰고 있었다. 하지만 소설 속 누구보다 유진 자신의 간절함이 커서 이야기를 지어낼 수 없었다. 그래도 네로의 장례비용은 필요했다. 네로가 떠난 새벽에, 유진은 밤을 새워 소설을 완성했다.

외롭고 고요한 밤에 떠 있는, 달에 관한 이야기였다.

*

호석은 대학병원에서 열흘 가까이 입원했다. 수혈을 받던 날부터 일주일 가까이 영양제를 탄 수액으로만 연명했다. 식도를 치료받아도 아물 때까지는 죽만 먹었다. 퇴원하는 날, 일반식을 먹어도 된다는 말에 호석은 삼계탕을 먹어야겠다고 했다. 6월의 기온은 가파르게 올라 무척 더웠다. 유진은 입원비를 계산하고 약을 받은 다음 호석과 식당으로 향했다. 휴대전화 알람이 울렸다. 하영이 유진에게 백만 원을 입금했다고, 늦어서 미안하다는 메시지였다. 인제 와서. 유진은 중얼거렸다. 네로가 곡기를 끊자 대량 구매한 사료가 도착하고 네로가 떠나고 나서야, 할부로 구매한 보조제가 도착했다. 유진은 네로의 목숨인 줄 알고 돈을 썼는데 결국 네로의 죽음을 산 기분이었다.

　전화를 가방에 넣고 보니 앞서 걷는 호석이 보였다. 호석은 이제 목발 없이도 걸을 수 있지만, 살이 많이 빠져서 그런지 휘청거렸다. 네로가 마지막으로 화장실에 볼일을 보러 갈 때 휘청거리던 게 떠오른 유진은 빠르게 쫓아가 호석의 왼쪽 팔을 붙들고 걸었다.

　밥을 먹다가 문득 호석이 물었다.

　고양이는 잘 있냐? 그, 뭐냐, 네로.

　유진은 호석의 질문에 멈칫했다. 같이 살 때는 '고양이'라고 했지. 네로의 이름을 부르는 걸 본 적이 없었다. 독립한 이후, 네로의 안부를 물은 적도 처음이었다.

　―죽었어. 암이 여기저기 퍼져 있었대.

　―고양이도 암에 걸리는구나. 암은 무섭다, 무서워. …나도 앞으로 이 년이나 더 살겠냐.

　호석은 한참 말없이 삼계탕을 뒤적였다.

　―내가 마트에서 야간 조로 일할 때 말이다. 맨날 네로가 현관 앞까지 마중을 왔다.

　―응?

　―니가 고양이한테 사람 음식 주지 말라고 하도 뭐라 해서 말 안 했는데 지났으니까 말한다. 내가 그때… 일 마치고 퇴근하면 아침 6시다. 길에 사람도 별로 없고 너도 자고 조용한데 그 녀석은 일어나서 나를 보러 나왔다. 내가 밥을 차

려 먹으면 내 옆에서 딱 기다려. 그래, 둘이서 고등어, 조기, 그런 걸 좀 나눠 먹었다. 걔가 먹을만한 게 없으면 마른 멸치 똥 따고 몇 개 좀 줬지. 그거 얻어먹으려고 고양이가 참 부지런했다.

네로가 살아 있었다면 염분 있는 사람 음식 왜 줬냐고 따졌겠지만, 지금은 유진에게 다 소용없는 일이다. 다만 네로 이야기를 같이 나눌 사람이 있다는 게 유진은 좀 뭉클했다. 유진은 호석에게 자신도 한 가지를 고백해야겠다고 생각했다.

―나도 아빠가 질색할만한 일, 말 안 한 거 있는데.
―뭐냐?
―돈.

유진은 잠깐 망설이다 입을 열었다.

―엄마 집 나갔던 날, 아빠 비상금 내가 가져갔어.
―야, 그거, 니 엄마가 가져갔는데?
―아니야. 양변기 수조에 검은 봉지에 싸서 넣어놓은 돈 48만 원이잖아. 엄마가 외할머니 수술비 좀 보태 달라고 말해도 아빠가 들은 척도 안 해서, 그게 얄미워서, 내가 그 돈 숨겼어. 엄마 주려고. 그땐 아빠가 미워서 하나도 안 미안했어. 근데 지금은 좀 미안해. 그때 빨리 말하고 돌려줄 걸 그랬어.

유진은 엄마를 더 이상 못 보게 되었을 때도, 네로가 마지막 숨을 거둘 때도 흘리지 않던 눈물을 흘렸다. 아이처럼 엉엉 소리까지 내면서. 옆에 누가 있으니까, 맘 놓고 꺽꺽 울었다.

이정임
2007년 《부산일보》 신춘문예 소설 부문에 「옷들이 꾸는 꿈」이 당선되면서 작품 활동을 시작했다. 소설집 『도망자의 마을』, 『손잡고 허밍』. 산문집 『산타가 쉬는 집』이 있다. 부산소설문학상, 부산작가상, 이주홍문학상을 수상했다.

콘크리트 벽과 푸닥거리

조성백

혁은 눈을 뜨지 않는다. 성급하게 눈꺼풀을 들어 올려 감각을 분산시켜서는 안 된다. 오로지 소리, 공기를 타고 귓속으로 흘러드는 파동에 집중해야 한다. 하지만 혁은 끝내 그것이 무슨 소리인지 알아낼 수 없다. 뇌는 자신의 앞으로 배송된 전기 신호가 정확히 무엇을 가리키는지 판별해 내지 못한다. 신호를 둘러싼 칠이 다 벗겨진 탓에 그 정체를 밝히지 못하는 것이다. 혁은 이제 눈을 떠 시간을 확인한다. 12시 50분. 그는 어디선가 들리는, 알 수 없는 소리에 잠에서 깼다. 아니다. 오랜만에 꾼 악몽 때문일지도 모른다. 그에게 악몽이란 귀신이나 시체, 괴물 따위가 등장해 쫓고 쫓기는 식의 꿈이라기보다는 차라리 마트료시카 인형을 연상케 하는 반복, 그 되풀이되는 과정에 가깝다. 방금 꾼 악몽은 말하자면 층층이 쌓인 꿈, 이른바 여러 겹의 몽층(夢層)으로부터 탈출하기. 몇 번째 꿈에서 깼을 때일까. 현실로 돌아오는 건 크게 요란을 떨지 않아도 아주 부드럽고 간단하게, 마치 온오프 스위치를 툭, 누른 것처럼 순식간에 이루어진다. 현실과 꿈 사이엔 늘 그렇게 휙 지나가 버리는, 온에서 오프(오프에서 온)로 넘어갈 때의 그 중간지점 같은 찰나의 공백이 존재한다.

혁은 이곳 원룸에 온 지 한 달이 다 되어가지만 이제껏 이런 소리를 들어본 적이 없다. 가능성은 두 가지다. 하나는 전부터 소리가 계속 났지만 혁이 듣지 못한 것. 또 하나는 오늘 처음으로 소리가 난 것. 다만 전자의 경우엔 단서 하나가 따라붙는다. 소리가 아닌 악몽 때문에 잠에서 깼다는 점. 혁은 다시 눈을 감고 소리의 가장자리를 더듬기 시작한다. 일상적인 대화보다는 그 흥분이나 동요의 정도가 큰, 요컨대 웅성거림에 가까운 소리. 그나마 소리의 종류는 이렇게 짐작이라도 해 볼 수 있지만 그 방향에 관해서는 도통 감을 잡을 수 없다. 혁은 방 이곳저곳으로 자리를 옮겨가며 벽에 귀를 가만히 대보지만 어디서 소리가 나는지 알 수 없다. 옆집? 윗집? 어쩌면 현관문 밖에서 들리는 것 같기도. 혁은 문을 열어 밖을 슬쩍 내다보지만 복도는 컴컴하다. 복도 벽 너머의 달마저 없었다면 사물 간의 경계는 희미해지다 못해 완전히 지워졌을 터. 문을 열자 소리가 좀 더 선명해진 것 같아 혁은 운동화에 발을 대충 욱여넣고서 밖으로 나가려 한다.

하지만 그 순간 소리가 뚝 멈춘다.
 한 시 정각.

 귀신이나 괴물, 혹은 좀비나 미라 같은 것들이 혁의 악몽엔 거의 등장하지 않지만 그가 일하는 곳엔 자주 출몰한다. 정확히는 상주한다. 그는 출근하면 그것들을 관리해야 할 의무가 있다. 정해진 위치로 옮기고 자세를 교정하고 올바르게 작동이 되는지 점검하고 먼지와 얼룩을 닦고 간혹 팔 한 쪽이 덜렁거린다거나 코가 주저앉아 있을 경우엔 접착제를 이용해 긴급 수술을 진행한다. 방 콘셉트에 따라 배치된 서로 다른 흉측한 형상의 거대 모형들은 꼼꼼히 뜯어보지 않으면 제 나름대로 사실적으로 보이는 터라 몇몇 손님, 대개 어린아이들은 어디선가 불쑥 튀어나오는 모형을 보고 그 자리에 주저앉아 울기도 한다. 이런 경우는 열에 아홉, 부모님의 손을 잡고 온 미취학 아동이다. 하지만 '열에 아홉'은 응당 '열에 하나'의 가능성을 내포한 말로서 혁은 어제 그 낮은 확률을 경험한다.
 매장이 한산한 점심시간, 20대 후반 정도로 보이는 건장한 남자가 엄마뻘은 족히 되어 보이는 한 여자와 함께 가게로 들어온다. 무려 손을 맞잡고서. 여자는 꽃무늬 레이스 손수건으로 남자의 볼을 타고 흐르는 땀을 닦아주기까지 한다. 제비족인가? 혁은 남자를 의심스런 눈길로 쳐다본다. 다만, 이 생각은 곧 오해로 드러난다. 대화를 잠깐 엿듣는 것만으로도 그들이 모자 관계임을, 더불어 남자가 대여섯 살 아이처럼 구는 점을 고려한다면 그들의 특이한 행동들마저 단번에 이해할 수 있는 것이다. 사고를 당했나? 아니면 선천적으로? 어릴 적 겪은 사고가 불현듯 떠오른 혁은 그의 사정이 궁금하지만 그저 생각에 그치기로 한다. 그건 상당히 민감한 질문임을, 자신은 그저 시간당 만 원을 받고 파트타임으로 일하는 위치에 있음을 잘 알기에.

"난이도가 제일 낮은 코스로 부탁해요." 여자가 카드를 내밀며 말한다.

혁은 2인, 4만 8000원을 결제한 뒤 그들을 고대 이집트 코스, 초등학교 저학년을 대상으로 꾸며놓은 방으로 안내한다. 남자는 신이 난 듯 방 이곳저곳을 뛰어다니며 파피루스 종이, 모래시계, 스핑크스, 신전과 같은, 크고 작은 소품들을 살펴보는데 정신이 없고 그래서 혁은 여자에게 이용 방법과 주의사항 등을 설명한다.

혁은 CCTV로 그들을 지켜본다. 비상벨을 누르거나 시간이 거의 다 되기 전까진 사생활 보호를 위해 CCTV를 확인하지 않는 것이 원칙이지만 언제나 예외는 있다. 지금과 같이, 혹시 모를 상황을 대비해 주의를 요하는 손님들이 그 예다. 남자는 방 곳곳에 배치된, 파피루스 종이에 적힌 문제를 곧잘 풀어내며 탈출로 향하는 단서(출구 키패드의 비밀번호)를 하나하나 쌓아간다. 그러다 여덟 번째 문제에서 막힌다. 스핑크스 모형 옆면에 붙은, 파피루스 종이엔 두 사건이 (사건 a가 일어날 확률은 7/9, 사건 b가 일어날 확률은 3/5) 동시에 일어날 확률을 구하는 문제가 적혀 있다.

뜻대로 잘 풀리지 않자 남자는 떼를 쓴다. 여자는 그런 그에게 뭐라고 말하는데 혁은 힌트 정도가 아닐까, 추측한다. 혼을 내는 건 아니고 그렇다고 답을 알려주는 것도 아닌. 결국 제한 시간이 다 되도록 문제를 풀지 못하자 탈출 실패를 알리는 사이렌과 함께 천장에서 스프링 달린 박쥐 모형이 후두둑 떨어져 공중에서 대롱거린다. 남자는 깜짝 놀랐는지 그 자리에 주저앉아 울기 시작한다. 여자는 그를 달래며 일으켜 세우려 하지만 가녀린 팔뚝은 80kg에 달하는 커다란 몸을 들어올리기에 역부족이다. 혁은 얼른 방으로 가 남자를 일으킨 뒤 카운터로 안내한다. 여자는 남자의 까슬까슬한 수염 끝에 맺혀 있는 눈물방울을 손으로 훔치며 말한다.

"충분히 잘했어."

입 밖으로 내지 않았던 혁의 궁금증이 해결된다. 남자가 잠시 화장실을 간 사이 여자가 먼저 그에 관해 이야기를 꺼낸 것이다. 잠시 후, 남자가 지퍼를 연 채로 화장실에서 나오며 안녕히 계세요, 하고 꾸벅 인사한다. 또 오세요, 라고 답하는 혁의 눈엔 남자의 머리, 그 중에서도 M자 탈모가 진행

𝆕 소설

되는 전두부가 들어온다.

*

"어릴 적부터 똘똘하다는 말을 많이 듣고 자랐어요. 똘똘하다는 말이 아이에겐 그저 어른들이 흔히 하는 귀여움의 표현이 아니었죠. 실제로 아이는 상당히 명석한 편이라, 학창 시절 문자 그대로 '학원 한 곳 다니지 않고 교과서 위주로 공부해' 전교권을 놓치지 않았고 이름만 대면 다 알만한 명문대에 진학했죠. 대학에서도 만점에 가까운 학점을 받은 걸로 알고 있어요. 아이는 학교 기숙사에서 지냈는데 사건은 방학이 되어 본가로 내려오는 날에 일어나게 됩니다. 원래는 일주일 뒤에 출발할 계획이었는데 기숙사 리모델링 문제로 조금 일찍 오게 되었죠.

캐리어를 끌고 공동 현관문으로 들어서는 그때, 아이는 머리에 큰 충격을 받고 그 자리에 쓰러져요. 무겁고 단단한 무언가에 머리를 얻어맞은 거죠. 그건 다름 아닌 화분이었어요. 무려 10층에서 떨어진 화분이요. 크기는 머그컵만 했으나 그게 10층에서 떨어질 땐 그 충격이 상당하다고, 의사인가 경찰인가 그렇게 말하더군요. 어느 정도냐면, 그 충격이 야구방망이로 세차게 가격당한 것과 맞먹는다죠. 아이는 곧장 정신을 잃었고 얼마 후 누군가 그를 발견해 응급실로 긴급 이송되었지만 그땐 이미 뇌가 크게 손상된 상태였죠. 사고 직후에 곧장 발견이 되었다면 손상을 최소화할 수도 있었을 테지만 안타깝게도 때마침 지나다니는 사람이 한 명도 없었나 봐요. 사고 원인에 대해선 나중에 경찰 조사를 통해 알게 되었는데 정말이지 우연에 우연이 겹쳐 생긴 일이더군요."

만약 파피루스 종이에 이런 문제가 적혀 있다면,
문제: 남자가 부상당할 확률을 구하시오. 아래는 사고가 일어나게 된 배경을 부분적으로 포착하여 서술한 것이다.

1004호에 사는 한 아이가 다니던 영어 학원이 어느 날 강사의 개인적인 일로 휴원할 확률은 a/b. 이로 인해 아이는 자연스레 집으로 향한다. 아이가 당연히 학원에 가 있을 거라 생각한 아이의 엄마는 볼일을 보기 위해 집을 나선다. 아이는 이제 아무런 제지를 받지 않고 놀 수 있다. 아이가 방에서 공을 차고 놀 확률은 c/d. 그날 아침, 엄마가 식물에 햇빛을 쬐이기 위해 화분을 아이 방 창틀에 둘 확률은 e/f. 그러고는 창문을 깜빡하고 닫지 않을 확률은 g/h. 아이가 힘껏 찬 공이 벽을 맞고 튕겨, 열린 창문을 넘어갈 확률은 i/j. 그때 화분이 공에 맞을 확률은 k/l. 화분이 좌우로 크게 흔들리다 아래로 떨어지는데, 특정 하강 속도와 방향, 각도 등을 고려한 낙하지점에 때마침 한 남자가 걸어올 확률은 m/n. 화분이 정확히 남자의 머리 전두부 및 측두부를 강타해 외상성 경막하 출혈이 일어날 확률은 o/p…

여자는 오늘도 방에서 탈출하기 위해 2인, 4만 8천 원을 내고 남자는 오늘도 7/9*3/5의 답을 구하지 못해 박쥐 떼에 쫓기며 울음을 터뜨린다.

*

혁은 어디선가 희미하게 흘러드는 각종 소리를 들으며 조금 전까지 꿨던 악몽을 되새김질한다. 이번엔 거울이다. 사면이 거울로 둘러싸인 거울방에 서 있기. 거울은 거울이 반사한 혁을 반사함과 동시에 거울에 의해 다시 반사된다. 거울에 비친, 셀 수 없이 많은 혁들이 미세한 손 떨림조차 허용하지 않는 완벽함으로 소실점을 향해 질주하는 터라 그는 어떤 혁이 정말 하나뿐인 혁을 반사하고 있는지 알 수 없다. 어쩌면 소실점, 혁의 복제들이 한데 뒤섞여 초고압력으로 응축될 때 만들어지는 하나의 점, 그것이 바로 진정한 혁을 가리키는지도.

이번에도 마찬가지로 혁은 잠에서 깬 이유를 정확히 알 수 없다. 악몽? 소리? 왼쪽으로 돌아누우면 오른쪽에서 들리는 듯하고 오른쪽으로 돌아누우면 왼쪽에서 들리는 듯한 소리는 곧 남자아이의 웃는 소리, 바닥을 쿵쿵거리며 뛰어다니는 소리, 두런대는 말소리, 자동차 경적 소리다. 귀를 막을 만큼 시끄럽진 않지만 반대로 무시하고 다시 잠에 들 만큼 작거나 부드럽지도 않다. 시간이 갈수록 소리는 점점 더 신경을 거슬리게 하는 쪽으로 바뀐다. 말하자면 전에 들었던 웅성거림. 그런 소리는 틀림없이 끝이 삐죽삐죽한 형태를 지녔을 터. 혁은 휴대폰을 들어 시간을 확인한다. 12시 48분.

집 밖으로 나온 그는 자신이 사는 2층과 3층 복도를 천천히 걸으며 어디서 나는 소리인지, 또 어떤 소리인지를 특정하려 하지만 뜻대로 되지 않는다. 일단 소리는 3층보단 2층에서 좀 더 선명하게 들리긴 하나, 2층 복도 어디에 서 있든 그 음량이 다를 바 없기에 정확히 몇 호에서 나는 건지 알 수 없다. 게다가 웅성거림은 여럿이 주고받는 대화라기보단 차라리 동시에 나는 화음(그중에서도 불협화음), 말하자면 이런저런 음성이 최소한 세 겹으로 층층이 몸을 포갠 상태라 각각의 소리를 추적하는 일은 불가능에 가깝다. 다만, 한 가지 확실한 건 있다. 듣기 불편한 소리. 소리 겉면에 기름때처럼 묻어 있는 흥분과 공포. 옆집에선 뭔가를 끊임없이 요구하는 중얼거림이 혁의 귀에 간신히 닿긴 하나 그것은 그가 지금 찾고자 하는 소리가 아니다. 이번에도 소리는 정확히 1시에 뚝 끊어진다.

다음 날, 출근하기 위해 집을 나선 혁은 우연히 옆집, 202호 여자와 마주친다. 그는 잠깐 망설이다 그녀에게 물어

보기로 한다. "혹시 어젯밤에 이상한 소리 못 들었나요?" 여자는 어떤 소리를 말하는 거냐고 되묻고 혁은 어떻게 설명해야 할지 잠시 고민하다 이렇게 말한다. "누군가를 부르는 소리 같기도 하고 떠드는 소리 같기도 하고… 아무튼, 웅성대는 소리였어요." 그녀는 생각에 잠기는 듯하더니 이내 고개를 저으며 희미하고 부자연스러운 웃음을 짓는다. 어중간하게 들린 입꼬리를 보며 혁은 순간 어제 그 소리의 근원지가 그녀의 집이고 그녀는 지금 애써 모른 척하고 있는 게 아닐까, 하는 강한 의심이 들지만 곧 그렇진 않으리라, 결론 내린다. 엄마와 어린 아이가 한 집에서 만들어내는 소리는 충분히 웅성거릴 테지만 호흡과 발성, 강세에서 느껴지는 감정적 동요의 정도를 고려했을 때 도무지 동일한 소리로 여겨지지 않는 것이다. 그렇다면 그녀는 어젯밤 그 정체불명의 소리를 정말로 듣지 못했을까? 이런저런 생활 소음으로 미루어 적어도 새벽 두 시는 넘어야 잠에 들 그녀가, 게다가 예민하지 않으면 안 될 것 같은 인상을 가진 그녀가 그 소리를 못 들었을 리 없다. 그럼 그녀는 거짓말을 하고 있는 걸까? 왜?

*

루미네선스(Luminescence) 물질이 빛을 흡수하여 전자를 들뜬 상태로 만든다. 들뜬 전자가 다시 원래 상태로 돌아가며 빛을 방출한다. 루미네선스 물질을 통한 빛의 흡수와 방출, 바로 야광 원리다. 벽 또한 그러한 메커니즘을 가지고 있다. 벽, 엄밀히는 콘크리트 벽은 각종 소리를 저장한다. 그리고 다시 방출한다. 언제? 어둠이 짙게 깔린, 12시에서 1시 사이에. 다만, 동일한 소리를 방출하는 건 아니다. 정확히는, 내용은 같지만 그 형식이 다르다. 방출음은 흡수했을 때의 음이 아닌, 벽 내부에서 변환된 소리로서 5hz의, 보통 사람은(통상적으로 가청주파수는 20hz~20khz) 들을 수 없는 주파수를 지닌다. 벽에서 소리가 난다는 사람을 찾아보기 힘든 이유다. 하지만 아주 드물게, 지진과 같은 지반의 움직임으로 인해 건물 전체가 흔들리는 경우, 벽 내부의 흡수-방출 메커니즘에 어떤 식으로든 오류가 생겨 방출음을 5hz가 아닌 가청주파수로 내보낼 때가 있다. 그러니 가끔씩 자다 깼을 때, 집 밖에서 들리는 정체불명의 소리가 벽의 방출음일 가능성도 배제할 수 없는 것이다. 여기서 범위를 집 밖으로 한정하는 것은 흡수-방출 메커니즘이 작동되기 위해선 외기(外氣)와 맞닿는 면적이 일정 범위를 넘어서야 한다는 제 나름대로의 조건이 있기 때문이다.

벽의 흡수-방출 메커니즘을 좀 더 자세히 들여다보면, 루미네선스 물질의 역할을 여기선 라비린스(Labyrinth)라는 물질이 담당한다. 시멘트가 물과 모래와 한데 뒤엉켜 굳어진 뒤, 다시 말해 벽이 만들어진 뒤, 시간이 한참 지나면 그 내부에 라비린스 물질이 생겨나는데 그것이 외부의 소리를 흡음(吸音)하고 발음(發音)하는 데에, 또한 가청주파수를 5hz로 변환하는 데에 직접적으로 관여하는 것이다. 방출음은 그날 복도에서 났던 소리들이 주를 이룬다. 변전실의 각종 전력 설비에서 발생하는 초저주파부터 시작해 두런대는 말소리나 문 여닫는 소리와 같은 가청주파수를 거쳐 에어컨 실외기의 노후화된 선에서 나는 초고주파까지. 하지만 그것이 전부는 아니다. 몇 달, 몇 년, 길게는 수십 년이란 시간의 때가 잔뜩 낀 소리들 또한 존재하는데 그것은 당일에 사라지는 예의 소리들과 달리 동일한 시간에 매일같이 반복된다.

 방출음이 지속되는 시간은 그리 길지 않다. 매일 오전 12시 반에서 1시까지, 정확히 30분간. 12시 30분이 되면 휘발성 강한 소리들이 먼저 등장해 약 20분간 그날 벽 주위에서 맴돌았던 다양한 소리를 다시 한번, 허공에 흩뿌리듯 빠르게 반복한다. 그리고 12시 50분부터는 연식이 오래된 소리들이 들리기 시작한다. 하루 중 어둠이 가장 깊어지는 시간인, 오전 1시까지. 그건 대개 비명이나 고함, 곡성과 같은 음(-)의 격한 감정 표현인데 이런 소리들이 휘발되지 않고 매일 반복되는 것에 대해선 음향학 학자들마다 의견이 다르다. 이 중 가장 설득력 있는 주장은 통증에 대한 지각 이상을 일컫는 만성통증증후군처럼, 진폭이 몹시 큰 파동 에너지가 전사된 결과 벽 내부에선 매일같이, 동일한 소리가 들려온다고 착각하는 것이다. 강한 파동 에너지가 구체적으로 어떤 소리를 가리키는지에 대해서도 학자들 간의 이견이 분분한데 그럼에도 누군가 생명에 위협을 받을 때 내뱉는 소리가 음파 중에선 가장 강력한 파동 에너지를 지니고 있다는 점만큼은 그 누구도 이의를 제기하지 않는다.

*

병실에 누워 있는 한 아이가 꿈을 꾼다. 어딘가로 떨어지는 꿈이다. 어디서, 어디로 떨어지는지는 알 수 없다. 그저 떨어지는 상태만 있을 뿐이다. 중력의 힘을 절감하는, 아찔한 느낌만이 계속 반복되는 것. 다만 그것이 그저 현실과 동떨어진, 말 그대로 꿈같은 이야기로 치부할 수만은 없다. 꿈은 간혹 실제 현실에서 일어났던 일을 최대한 흡사하게 재현해내기도 한다.

현실에서 추락을 경험하게 된 경위: 사건은 아이가 부모와 함께 떠난 휴가 중에 일어난다. 계곡에서 물놀이를 마치고 귀가하는 길, 소프트웨어 업데이트 문제로 네비가 오작동을 일으킨다. 차는 비포장도로의 산길을 얼마간 헤매고 그러던 중 어디선가 고라니 한 마리가 튀어나온다. 아이의 아버지는 본능적으로 살기 위해(어쩌면 고라니를 살리기 위해)

핸들을 옆으로 꺾고 차는 비탈길 아래로 떨어진다. 병실에 누운 아이의 꿈에서 끝없이 반복되는 추락은 아마 이때 그가 생전 처음으로 느꼈을 중력의 흡입력에 대한 충격이 렘수면 시의 정상적인 전기 신호를 교란했을 터. 잠깐 정신을 잃었다 깨어난 아이는 자신이 괜찮은지, 혹여나 다친 데는 없는지 진즉에 물어봐야 했을 목소리가 들리지 않음을 이상하게 여기고 부모를 찾기 위해 몸을 움직이지만 강철 더미에 깔린 탓에 옴짝달싹할 수 없다. 다만 목소리는 철근의 무게에 짓눌려 있지 않기에 아이는 살려 달라고 목청껏 소리치지만 인적이 드문 산속에서 그 말은 그저 메아리로만 남는다. 한참 악을 지르던 아이는 점점 지금 자신 앞에 펼쳐진 상황이 꿈인지 생시인지 분간이 잘 가지 않는 혼몽한 상태에 이르게 되고 잠시 후 다시 정신을 잃는다. 다행히 아이는 목숨을 잃지 않는다. 산 중턱의 고찰(古刹)로 향하던 한 운전자의 꽉 찬 방광 덕분에. 얼른 볼일을 보고 올 요량으로 차를 갓길에 세운 운전자가 나무 뒤에 서서 바지춤을 내리려는 순간 저 아래서 치솟는 연기를 발견하고는 산불이 난 걸로 생각해 경찰에 신고를 했던 것.

추락은 아이에게 심각한 후유증을 남긴다. 병적인 결과뿐 아니라 초능력 또한 후유증의 일부라 부를 수 있다면. 사고가 일어난 순간 작동한 방어기제, 꿈인지 생시인지 모를 모호한 상태 때문인지는 몰라도 보통 사람들이 렘수면에 들었을 때 나오는 5hz의 세타파가 아이의 해마에 문신처럼 깊숙한 자국을 남김과 동시에 청각 신경의 전기 신호까지 건드리게 된다. 그로 인해 추락하는 꿈처럼, 혹여나 사고에 관한 연상(聯想) 트리거가 작동된다면 그 즉시 아이의 머릿속엔 5hz의 전기 신호가 오프에서 온으로 툭, 넘어가 대뇌피질로 흐르게 될 뿐 아니라 5hz 외부 소리도 들을 수 있도록 청각 기관까지 활성화되는 것이다.

철제 침대에 누워 약 100일간 꿈을 꾸는 아이는 남들이 들을 수 없는 소리를 듣게 된다. 예의 5hz 세타파와 해마, 청신경의 메커니즘에 의해 아이가 꾼 수많은 꿈들, 그러니까 추락에 관한 끝없는 변주가 바이탈 모니터 내부에서 나는 조명 계통의 미세 버징 같은, 5hz 소리의 감음을 가능케(무의식중에라도) 만든 것이다. 퇴원하고서 이제 삼촌의 가족과 함께 살게 된 아이는 어쩌다 사고 트라우마를 경험한 뒤 듣게 된 웅웅거리는 불쾌한 진동음에 관해 삼촌에게 말하지만 그는 그런 소리는 전혀 나지 않는다고 답하며 설마 사고의 여파로 저 어린 나이에 환청까지 들리는 건 아닌가, 하는 근심 어린 표정을 짓는다. 후에 그런 일이 몇 번 더 반복되자 아이는 어렴풋하게나마 알게 된다. 사고를 떠올리게 할 만한 일과 독특한 소리 간의 접점, 그 지점에서 무엇이 어떻게 작동하는지는 알 수 없지만 남들이 듣지 못하는 소리를 자신은 들을 수 있다는 사실을.

*

울음. 외침. 비명.

12시 52분.

혁은 오늘만큼은 이 소리의 정체를 밝혀내고야 말겠다고 생각한다. 그는 곧장 집을 나와 복도를 천천히 걸으며 소리가 나는 위치로 살금살금 다가간다. 먹이에 정신이 팔린 새끼고양이를 단숨에 낚아채려는 듯한, 신중하고 세심한 동작으로. 하지만 이번에도 소리는 사방에서 들려오는 터라 혁의 두 발은 어느 쪽을 향해야 할지 혼란스럽다. 일단 그는 십자가 문양의 스티커가 붙여진 옆집 현관문에 귀를 바짝 갖다 댄다. 그러자 여자의 목소리가 희미하게 들려온다. 누군가와 통화를 하는지 말소리와 정적이 번갈아 반복되는데 하소연에 가까운 그녀의 말엔 울분이 잔뜩 끼어 있다. 하얀 지방층처럼. 하얀빛의 울분은 누구를 향한 걸까? 전남편? 엄마? 친구? 아니면 하나님? 끈질긴 기도 끝에 하나님과 전화로 일대일 소통할 수 있는 특권을 부여받았을지도.

혁은 복도를 따라 한 집 한 집 귀를 기울이지만 소리의 기점을 특정할 수 없다. 다시 자신의 집 앞으로 돌아온 그는 허탈함과 의아함을 느끼며 복도에 서서 밤하늘을 멍하니 올려다본다. 그러다 문득 소리가 그 어느 때보다 선명하게 들린다는 사실을, 뿐만 아니라 그것이 복부 근처에서 솟구치고 있음을 깨닫는다. 혁은 허리를 숙인다. 그리고 먹이를 찾는 뱀처럼 소리를 따라 머리를 재바르게 움직인다. 곧 그의 청각 기관은 밤공기에 차갑게 식은, 수증기로 아주 얇게 코팅된 잿빛의 콘크리트 벽과 맞닿는다.

벽에서 나는 소리다!

왜 지금껏 그 사실을 인지하지 못했을까. 실제로 소리가 사방에서 들려오기도 했고(건물을 사방으로 둘러싼 콘크리트가 하나의 거대한 울림통 역할을 했는지 어쨌는지는 몰라도) 무엇보다 복도 벽에서 소리가 날 거라곤 생각지 않았기에. 혁은 다시, 몇 차례, 벽에 귀를 떼었다 붙이길 반복하며 소리에 집중한다. 눈을 꼭 감고, 청각을 제외한 다른 감각은 최대한 온에서 오프로. 만약 직관으로 불리는 제육감을 호출할 능력이 있다면 그것만큼은 오프에서 온으로.

소리는 잔뜩 뭉개져 있을뿐더러 다양한 음성들, 정확히는 서로 다른 톤이나 성량, 빠르기의 목소리들이 한데 뒤엉켜 있어 그 윤곽은 물안개처럼 흐릿하다. 다만, 전에도 얼추 감지했듯 급박한 상황에서나 날 법한, 그러니까 누군가를 크게 부르거나 악을 지르는 소리다. 자신을 옥죄는 무언가 혹은 어딘가로부터 벗어나려고 발버둥칠 때 기어코 터져 나오는 소리. 옆집 여자는 왜 이 소리를 듣지 못했을까? 거짓말일까? 혁은 그렇진 않다고 생각한다. 이유는 악몽에 있다.

돌이켜보면 정체불명의 소리는 꼭 악몽을 꾼 날 들렸으니까. 그럼 악몽은 어디에 근거를 두고 있을까. 혁의 머릿속엔 곧장 한 남자가 떠오른다. 박쥐 떼에 쫓겨 울음을 터뜨리는, 몸과 정신이 제각기 다른 나이를 갖게 된 남자.

혁은 휴대폰을 꺼내 벽에다 바짝 갖다 대고 녹음 앱을 켠다. 저주파 기능을 활성화시킨 뒤 녹음 버튼을 누른다. 겹겹이 쌓인 소리들이 휴대폰의 해마에 실시간으로 저장되며 다양한 형태의 파형을 만들어낸다.

소리는 정확히 한 시에 끊어진다.

*

HDD란 해마에 저장되어 있던 벽의 소리에 파형 분석 프로그램이란 매스를 갖다 대는 작업이다.

프로그램을 통해 합쳐진 소리를 떼어낸다. 진폭과 주파수, 음색 등을 고려하여 서로의 영역에 미쳤던 간섭을 조금씩 지워나가는 것이다. 점차 소리는 베일을 벗고 독립적인 음절과 단어, 문장으로 기록된다. 다만 그 과정에서 불가피하게 탈락되거나 왜곡되는 부분이 있어 결국 온전하게 남는 건 몇 마디뿐이다. 이제 5hz인 주파수를 인간의 가장 민감한 청각 감도인 4khz로 변환하면 꽁꽁 감춰져 있던 소리가 스피커의 얇은 그물망을 통해 흘러나올 준비를 마친다. 재생

버튼을 딸깍. 마우스 왼쪽 커서에서 시작된 검지의 미세한 눌림은 전기 신호의 형태로 전자 회로 기판 이곳저곳을 넘나들다 마침내 스피커 아이콘이 붙어 있는 오디오 장치를 활성화시킨다. 오프에서 온으로. 잠깐의 정적 후 들리는 말소리. 몇 번의 보정 작업을 거쳤지만 그럼에도 미세한 잡음은 줄곧 지직, 소리를 내며 성음(聲音)의 배경으로 놓여 있다. 또한 여기저기 삽입된, 고통에 찬 신음과 괴성. 청음을 방해하는 그러한 요소를 모두 감안한다면 말소리는 곧,

　언니, 너무 뜨거워.
　내 뒤에 딱 붙어 있어.
　숨을 못 쉬겠어.

*

　포털사이트 검색창에 이러한 단어를 한 번에 집어넣는다면,

　[화재, 자매, 복도]

　검색 결과 중 뉴스 카테고리를 클릭한 뒤 스크롤 바를 내리다 보면 현장 취재 기사 하나가 눈에 띈다. 그 내용은,

　오늘 새벽 4시 32분경, 제 뒤로 보이는 다세대주택에서 시뻘건 불길과 함께 검은 연기가 피어오릅니다. 소방대원들이 사다리차를 동원해 2층 복도 쪽으로 연신 물을 뿌리지만

불길은 쉽게 잡히지 않습니다. 다행히 불은 15분 만에 꺼졌지만 미처 밖으로 대피하지 못한 어린 자매가 변을 당했습니다. 소방대원들은 2층 복도에 쓰러져 있던 자매를 발견해 즉시 병원으로 이송했지만 끝내 숨을 거뒀습니다. 불이 난 세대 주변의 외벽은 검게 그을렸고 입구엔 출입통제선이 쳐져 있습니다. 소방당국은 202호 부엌을 발화 지점으로 보고 구체적인 경위를 조사하고 있습니다.

만약 파피루스 종이에 이런 문제 또한 적혀 있다면,
문제: 자매가 참변을 당할 확률을 구하시오. 아래는 사고가 일어나게 된 배경을 부분적으로 포착하여 서술한 것이다.

202호에 사는 일용근로자는 이른 새벽, 뭔가를 먹고 일을 나가기로 한다. 보통 아침을 잘 챙겨 먹지 않는 그가 그날따라 배가 고파 라면을 끓여 먹게 될 확률은 q/r. 물이 끓고 있을 때 작업반장으로부터 전화가 올 확률은 s/t. 전화에 정신이 팔린 일용근로자가 물이 끓는 것도 깜빡한 채 집을 나설 확률은 u/v. 냄비가 타면서 불이 번지는데, 마침 원룸의 스프링클러가 관리 부실로 고장이 나 있을 확률은 w/x. 그 옆집인 201호에 아침이 되어서야 퇴근하는 여자와 그녀의 두 어린 딸이 살고 있을 확률은 y/z⋯

*

"있죠, 소리를 들려준 식물과 그렇지 않은 식물의 성장 속도가 다르다는 거 알고 계셨나요? 물론 식물은 귀가 없지만 소리를 들을 수 있는 자기만의 메커니즘이 있죠. 말하자면, 음파가 세포벽에 자극을 주면 식물 내부의 세포질이 떨면서 전압에 변화를 보이는데 그것이 성장을 촉진하는 물질의 분비 속도와 어느 정도 관계가 있다는 거예요. 다만, 소리라고 다 같은 건 아니고요. 새소리, 물소리, 바람소리 같은 자연의 소리나 잘했어, 고마워, 사랑해, 같은 표현은 성장 속도에 긍정적인 효과를 주지만 반대로 경적, 고함 같은 소란이나 욕, 짜증, 화가 잔뜩 섞인 말은 되려 소리를 안 들려주는 것만 못하대요. 여기서 더 놀라운 사실이 있어요. 식물도 소리를 낸다면 믿으시겠어요? 이스라엘의 어느 대학교 연구팀이 실험[1]을 했어요. 며칠간 물을 주지 않고 줄기를 잘라내면서 고성능 음향 기기로 식물이 내는 소리를 녹음한 거죠. 놀랍게도, 극심한 스트레스를 받은 식물은 야생 동물이 내는 비명과 비슷한 소리를 냈대요. 가청 범위

---

[1] 이스라엘 텔아비브대 릴라크 하다니 교수팀은 과학저널 '셀(Cell)'에서 토마토와 담배, 밀, 옥수수, 선인장, 광대나물 등이 내는 소리를 처음으로 녹음하고 어떤 식물이 어떤 상황에서 내는 소리인지 분석하는 데도 성공했다고 밝혔다.

를 벗어나는 초고주파라 사람이 직접 들을 순 없지만요."

*

CCTV 속의 남자는 오늘도 스핑크스 앞에서 끙끙댄다. 혁은 암산으로도 쉽게 풀 수 있는 문제를 왜 저러고 있나, 싶다가도 이내 생각을 고쳐먹는다. 7/9*3/5가 남자에겐 꼭 넘고 싶은, 아주 높은 산일지도 모르기에. 남자는 머리를 감싸쥐고 한동안 애를 쓴다. 종이엔 의도를 알 수 없는, 크고 작은 원들이 그려져 있다. 여자는 그런 그를 가만히 지켜보고만 있을 뿐이다. 답답해하는 기색은 찾아볼 수 없다.

신이 난 얼굴로 뭔가를 빠르게 끼적이던 남자가 마침내 출구 키패드의 여덟 번째 숫자를 얻어낸다. 혁은 그의 머릿속이 궁금하다. 어떤 연산 과정을 거쳐, 이를테면 신경 회로 속 어떤 뉴런 집단의 스위치가 오프에서 온으로 바뀌어 7/15라는 답을 도출해 낸 건지. 이제 남자는 마지막, 아홉 번째 문제를 풀기 위해 아부심벨 신전 앞으로 간다. 파피루스 종이가 람세스 2세의 좌상 위에 놓여 있다. 이번엔 사건 세 개가 동시에 일어날 확률을 구하는 문제다. 높은 산을 넘은 남자는 이제 더 높은 산을 넘어야 한다. 종이엔 전보다 더 많고 더 다양한 원들이 그려진다.

사이렌이 울리고 박쥐 떼가 쏟아지자 혁은 그들이 있는

방으로 향한다.

"다음번엔 마지막 문제까지 모두 풀 수 있을 거예요." 혁이 남자에게 말한다.

"감사합니다." 남자가 명랑한 톤으로 답한다.

"정말 잘했어." 여자가 말한다.

가게를 나서기 전, 여자는 남자의 헝클어진 머리를 정리해주며 혁에게 소리와 식물의 성장에 관한 짤막한 이야기를 들려준다. 그러면서 이렇게 덧붙인다.

"식물도 그런데 사람이야 오죽하겠어요?"

여자는 오늘도 2인, 4만 8천 원을 내고 남자는 오늘도 박쥐 떼에 쫓기지만 울음은 터뜨리지 않는다.

*

한 남자가 마당에 앉아 있다. 멍하니 어느 한 지점을 바라보는 눈과 축 늘어진 팔다리. 흙빛의 깡마른 몸이 C자로 굽어 있다. 마당을 가로지르는 금줄에 걸린 형형색색의 천과 상 위에 펼쳐진 돼지 머리, 생선, 전, 약과, 과일 등의 각종 음식들. 남자 뒤편에 앉은, 네댓 명의 악사가 약속된 사인을 기다리기라도 하듯 누군가를 바라보고 있다. 곧 하얀 소복을 입은 무당이 오방천을 위로 세차게 들어 올리자 북과 징, 피리가 일제히 소리를 내기 시작한다. 악기 소리는 부채꼴 모

양으로 선 마을 사람들의 고막을 사정없이 두드리는데, 그
건 그들이 평소에는 딱히 들을 일이 없는 정도의 세기다. 고
목나무 아래서나 들을 법한, 한여름 백여 마리의 매미가 한
꺼번에 내지르는 울음소리. 80~90 데시벨.

둥 두둥- 깽 깨갱- 삐 삐빽-

아이는 마을 사람들 사이에 끼어 있다. 할머니는 주름
가득한 손으로 아이의 눈을 가리며 얼른 집으로 가 있으라
고 하지만 아이는 그럴 생각이 없다. 아이는 할머니의 손을
떼어내며 자신도 보고 싶다고 조른다. 결국 할머니는 한숨
을 크게 내쉰 뒤 그럼 말썽 피우지 말고 얌전히 있으라고 한
다. 아이의 떼쓰는 소리로 굿판을 방해할 순 없는 노릇이었
을 터. 잠시 후, 무당은 마당 한쪽에 놓아둔 식칼을 들어 올
린다. 남자 주위를 돌며 칼을 허공에다 휘두른다. 마을 사람
들은 적어도 수십 등분으로 나누어졌을 텅 빈 공간을 멍하
니 지켜본다.

무당의 움직임에 속도가 붙는다. 걸음이 점차 빨라지다
방방 뛰기까지 한다. 무당 한쪽 손에 들려 있던 무령(巫鈴)에
서 방울 소리가 짤랑짤랑- 사람들 머리 위에서 짤랑짤랑-
그 산만한 움직임은 무당이 누군가를 대문 밖으로 데려가는
듯한(부축해서 가는 것처럼 보이기도 한) 동작을 취하고 나서
야 비로소 끝이 난다. 아이는 할머니에게 이게 다 뭐 하는 거
냐고 묻지만 그녀는 검지를 입에 가져다대며 아무 말도 하

지 않는다. 다만, 나중에 집에 돌아와 말해주기를,

"혁아, 그건 푸닥거리라는 거야."

"푸닥거리요?"

"그래. 귀신의 한을 풀어주고 있던 거란다. 남자의 몸에 들어간, 원한을 품고 죽은 사람의 영 말이야."

*

혁은 휴대폰을 들고 복도 벽 앞에 쪼그려 앉는다. 벽에 귀를 갖다 대지만 물속에 있는 듯한 먹먹함 외엔 아무런 소리가 들리지 않는다. 악몽도 꾸지 않은, 달도 뜨지 않은 지금으로선 어쩌면 당연한 일이다. 혁은 휴대폰을 벽에 바짝 갖다 붙인다. 스피커에선 다양한 소리가 순차적으로 흘러나오는 중이다. 바람 부는 소리와 물 흐르는 소리, 비 내리는 소리와 새 지저귀는 소리, 히히하하 웃고 떠드는 소리와 생일 축하 노래를 부르는 소리, 사랑한다고 고백하는 소리와 힘내라고 다독이는 소리 등. 모두 어느 블로그에서 무료로 다운받은 것이다.

그날 밤, 혁은 악몽을 꾼다. 아무리 먹어도 줄지 않는 밥그릇과 아래로 무한히 펼쳐진 계단에 관한 악몽. 귀신이나 괴물, 시체의 뜨거운 몸짓은(겁주거나 놀래거나 뒤쫓는 등의) 이어짐의 연속, 끝없는 반복의 차가운 표정 앞에 무릎을 꿇을 수밖에 없다. 영원에서 느끼는 절망보다 무서운 꿈은 혁에게 없다. 그는 곧장 시간을 확인한다. 12시 54분. 그에겐 더 이상 예의 비명과 외침, 울음에 관한 소리가 들리지 않는다. 때문에 정확히 6도만큼, 원을 돌고 또 도는 초침 소리가 크게 느껴진다.

집 밖으로 나온 혁은 무릎을 꿇고 얼굴을 복도 벽에 바짝 붙인다. 희미한 웅성거림이 귓바퀴를 타고 몸속으로 흘러든다. 이제는 벽 가까이 가지 않는 이상 들리지 않는 그 소리가 무엇을 의미하는지, 혁은 알고 있다. 오래 전 출구를 잃은 한 자매의 다급한 외침. 그는 휴대폰을 꺼내 블로그에서 다운 받은 소리를 재생한 뒤 머리 위로 들어올린다. 그러고는 걸음마를 뗀 아기를 보조하듯 혹은 거동이 불편한 노인을 부축하듯 천천히, 또 조심스럽게 계단을 타고 내려온다. 그렇게 원룸 건물을 완전히 빠져나온 시각은 한 시 정각.

소리의 스위치는 이제 온에서 오프로, 툭.

조성백
2024 부산일보 신춘문예. 「되감기」 「목적지는 파이썬」 「점과 선」 발표. 울산에서 작은 카페를 운영하며 글을 씁니다.

X 현장-비평

궐위(闕位)의 크리틱:
12·3에서 6·3까지의 협로 위에서

윤인로

1

12·3 비상계엄 선언 직후 특전사 707특임단을 태우고 국회 의사당 운동장에 착륙하던 헬기들, 그 밤하늘 엔진의 진동을 뒤따라 의사당 외곽 진입로 쪽으로 접어들던 소형 전술 차들. 그중 한 대가 어느 시민에 의해 정지되고 있다. 군용차와 시민 사이에서 잠시 동안 정중동의 기싸움이 이어지지만, 이내 차량은 엔진을 재가동하여 위협하듯 전진한다. 익명의 시민은 물러서지 않고 몸을 기울여 막아선다. 이를 본 여러 익명들이 더불어 가세하면서, 차량 앞유리로 보이는 군인을 향해 격하게 성토한다. 이 과정은 32초 분량의 영상으로 남겨졌다. 그런 대치·적대로부터 발원하는 상황적·발생적 힘이 하나의 이미지로 응축되어 계엄 직후부터 퍼져나갔던바, 그것은 계엄 해제 이후 정권의 끝을 당위적인 것으로 공유

△ 〈Democracy Dies in Darkness〉, Video by Julie Yoon,
ⓒ The Washington Post, 2024. 12. 4. [https://www.washingtonpost.com/video]

인식 가능한 지금Jetzt 속에서의 이미지는 모든 해독의 기반을 이루는 위기적kritisch이며 위험한 순간의 각인을 최고도로 유지하고 있다.〔벤야민, 『아케이드 프로젝트』〕

하면서 다른 정치의 시작점·발현점을 예의주시하고 있고 있던 시간들을 집약적으로 표시해준다. 광장의 그 숱한 응원봉들과 깃발들이 사라진 오늘, 그 당일의 이미지와 어떤 위기비평의 문장들을 용접해 보게 되는 이유가 거기 있다.

비상계엄 혹은 포고령 1호라는 정치의 암흑, 그 중핵을 거슬러 밝히고 있는 빛은 '위기'를 정치적인 것의 구성장소로 재정의하는 힘이다. 그런 힘의 다양체-연결망이 응집되고 있는 상태로서의 지금-이미지, 폭발적 발현 바로 직전直前-시간의 그 이미지는 단발적 폭발로 감축되거나 소진되지 않는, 폭발 이후를 거듭 사고실험해 볼 수 있게 하는, 아직 실현되지 않은 새로운 상황을 앞당겨 묘사해 볼 수 있게 하는, 여전히 도래하지 않은 새로운 노모스를 앞두고 그것을 앞질러 분만할 수 있게 하는 힘의 형식이자 원천·비등점이다. 그 위기적-연결적 지금시간Jetztzeit의 이미지는 이목耳目을 끌어모으고 감응으로 전염됨으로써 현행적인 것 일체를 휩쓸리게 하고 휘말려들게 하는 최고도 정치의 시간, 지고의 정치적 순간을 보존하고 있다. 그런 한에서 긴요해지는 상황은 마치 여성의 여성-되기와도 같은, 지금의 지금-되기, 지각불가능하게-되기의 시간력이다. 그 속에서 위기적 지금-이미지는 낡은 것이 지나감에도 새로운 것이 오지 않고 있는 궐위interregnum의 상태, 그 텅 빈 공위의 시공간에 연동된 모든 해독解讀과 해독害毒/解毒의 실질형태소를 표출하고 있다. 그런 이미지에 이끌려 위기Krise는 비판Kritik의 발원지로 조성되며 그 비판은 상황준별적 시금석Kriterium으로 담금질된다. 그에 따라 던지게 되는 물음은 다음과 같다: 위의 이미지 속에서 사람은 어떤 위기에 노출되고 있는가, 사람과 사물은 그 위기 속에서 어떤 비판·시금석을 형상화하고 있는가. "민중들은 바로 그들의 정치적·미적 재현 또는 그들의 존재 자체가 위협받고 있다는 점에서 항상 사라질 위험에 노출된다. 민중들이 사라질 위험에 노출되는 것이 아니라, 그들 자신에게 노출되도록 하려면 어찌해야 하는가? 민중들이 나타나 형상을 갖추도록 하기 위해서는 어떻게 해야 하는가?"
[조르주 디디-위베르만, 『민중들의 이미지: 노출된 민중들, 형상화하는 민중들』] 이 물음들에 대한 응답의 출발선에 놓게 되는 것은 다음과 같은 또 하나의 물음들이다: "그런데 이미지는 타자의 이미지로 주어질 때에만 흥미로워지기 시작하지 않는가? 그리고 이미지는 단지 그럴 때에만 시작될 수 있는 게 아닌가?" [『민중들의 이미지』] 저 군용차량과 시민들 간의 위기적 이미지도 타자의 이미지다. 위기의 타자성, 그러니까 안전하게 살던대로 살길 원하는 나와는 엮이지 않길 바라지만 그런 엮임 없인 나의 현재 역시 존속할 수 없게 하는, 그렇기에 항시 불가피한 책임성을 따라 상황 속으로 말려들어가게 만드는 타자·타자성으로서의 위기. 그것이 지속되는 한에서 이미지(로부터)의 시작은 거듭될 수 있는바, 저 위기적 이미지는 정치적인 것의 인식 기획으로서의 (공)위기의 과제, 과제의 (공)위기를 거듭 독해할 수 있게 하는 최고도의 접선처가 되고 있다.

2

포고령 1호 아래서 제1공수특전여단 전술차량을 막아서고 있는 위의 이미지 속 청년은 33세, 남성, 직장인, 거주권 활동가 김동현 씨였다. 그의 인터뷰 육성을, 관저 커튼 뒤의 내

전선동가로 통치 없이 군림했던 윤석열의 청년 호명에 대한 내파적 응답으로, 여기 약하게 엄존하는 다른 청년·청년성의 표지로 새겨놓게 된다: "사실 저희는 세월호나 이태원 참사를 경험했잖아요. 그렇게 우리는 침몰하는 것들을 봤고, 국가가 구하지 않는 것들을 감각하고 경험했었습니다. 그런 경험이 우리로 하여금 직접 나서서 민주주의를 말해야 된다고, 민주주의가 실제한다는 것을 거리에서 몸으로 보여줘야 된다고 생각하게 만든 것 같아요."[「계엄군 차량 막은 '그 시민'」, JTBC뉴스 〈아침&〉, 2025. 1. 2] 곱씹으며 반복컨대, 침몰하는 것들, 국가가 구하지 않는 것들에의 감각과 경험. 그것은 다름 아닌 생명과 안전이 정치적인 것의 구성을 위한 마지노선·최종심급이 되고 있는 사태를, 오래되었음에도 여전히 구축되지 않고 있는 저 '인민의 구제 즉 최고의 법$^{salus[safety]\ populi\ suprema\ lex}$'이라는 등가 상황을 가리켜 보인다. 생명의 안전을 표방하면서 그 최저선의 보장조차 위험시하는, 그런 최저선 너머를 엿볼 수조차 없도록 봉쇄하면서 그 최저선 너머가 조금 뒤에 도래하리라고 선전하는, 그렇게 공공의 안전과 구제의 이름으로 법 안팎의 경계를 임의재량적으로 획정하는 치안적 폭(권/위)력. 이를 적으로 설정할 수 있게 하는 힘의 근원에 침몰하는 것들과 구하지 않는 것들에 대한 감각과 경험이 있는바, 민주주의란 침몰하는 것들의 구원을 표현하는 다른 이름이다. 12·3 포고령 아래서의 저 위기적 지금시간을 거듭 보존하고 있는 이미지, 그것에 연동되고 있는 민주주의라는 이름은 제도를 설립하는 힘이 제도로 양도되는 과정의 합법성을 조달하는 서명인 동시에 그 서명·날인 안에서 그 너머를 구축·창출하는 거리에서의 실제 운동이자 직접적 제헌력의 이념으로 발현한다. 김동현 씨의 다른 인터뷰 한 대목을, 그런 운동과 이념의 구체적인 표출로서, 지금의 위기-해독에 직접 관여하는 제헌력의 이정표로서 꽂아놓게 된다: "우리는 그날 연결되어 있었습니다. 그리고 지키고자 하는 마음이 연결되어 남태령을 비롯한 투쟁들이 이어졌다고 생각합니다. 저는 앞으로도 우리가 계속 모였으면 좋겠습니다. 우리가 지키려고 했던 그 마음을 계속 이어나갔으면 합니다. 동시에 그날의 긴장과 공포가 뒤늦게 찾아왔을 시민들이 자신을 잘 돌보았으면 합니다. 고립되지 않고 서로를 다독였으면 합니다. 우리가 안전하게 살아가기 위해 싸워왔다는 점을 기억했으면 좋겠습니다."[「계엄 당시 군용차 막아선 청년 직장인 김동현 씨 인터뷰」, 오마이뉴스, 2024. 12. 29]

3

생태활동가('새만금 신공항 백지화 공동행동' 홍보국장) 김나희 씨의 그림 〈내란의 밤〉과 그것에 붙인 전시展示/戰時의 알림을 포고령 1호 아래 저 위기적 지금-이미지의 차이화로 새

- 호소용·경고용 계엄이라는 거짓을 폭로하기에 가장 적합한 장면이면서 시민들의 용기와 연대를 극적으로 보여주는 장면이므로, 12월 3일 국회 앞 군용차를 몸으로 막는 시민들의 모습을 선택.
- 그리는 과정이 퇴진 투쟁의 일부이기 때문에 거리에서 그림.
- 그림에 이스터 에그(부활절 달걀) 3개가 있는데, 말 안 하면 못 찾으실까봐 밝히자면, 운전석에 윤석열(내가 그리고도 볼 때마다 놀람), 저 멀리서 미래에 등장할 응원봉들, 휠체어 탄 시민.
- 파면의 날에 완성하게 되어 후련하다. 등장인물들께 보여드리고 싶은데 가운데 분 말고는 누군지 모르겠네요. 아시는 분, 퍼가서 알려주세요.[김나희(Nahee Kim) 페이스북, 2025. 4. 5]

기게 된다.

    하나의 근본적대가 드러난다. 계몽·호소용 비폭력 계엄이라는, 손바닥으로 하늘 가린 그 천연덕스런 거짓말이 특정 지지층에 의한 내전 수행의 실효적 논리를 활성화시키는 n차 쿠데타의 이성으로 기능중인 사태 VS. 그런 기능 과정을 폭로·파기하는 시민적 감응연결의 극적인 진실, 그런 진실 발현에의 용기 속에서 이뤄지는 정치적 진리의 드라마(트루기). 김나희 씨의 그림이 포고령 아래 저 위기적 지금-이미지를 선택해 달리 반복하고 있는 이유와 의지를 그런 적대의 표출 곁에 놓아보게 된다. 달리 말해 그가 운전석 유리창에 윤석열의 유령적 얼굴을 그린 것은 포고령의 본질을 드러내는 정명正名/定命의 변용력을, 횡단보도 건너편에서 작게 빛나고 있는 응원봉들은 도래할 미래의 미지적 형상과 과거로 될 현재의 상황이 서로를 묘사하면서 돌볼 수 있게 하는 시간구성력을, 응원봉들 곁의 휠체어 탄 시민은 이른바 정상상태에서 가시화되지 않고 사라지고 있는 삶의 존엄을 드러내는 존재개시력으로 읽게 된다. 그런 힘들을 위기적 지금-이미지의 잔존을 통해 발현하는 진정한 비상상태의 구체적 양태들로 자리매김할 때, 그리고 미연에 억지당하거나 사전에 제압될 위기 앞의 계급이 그런 힘들의 양태를 인식할 수 있는 주체라고 할 때, 김나희 씨의 그림으로 접합되고 있는 시간들 속에 숨겨진 부활절 달걀Easter egg 3개 혹은 그것으로 암시되는 그리스도의 부활은 모든 해독의 기반을 이루는 구제의 이미지를 표시한다. 그것의 다른 이름이 "행복의 이미지"다: "우리가 품고 있는 행복의 이미지라는 것은 우리 자신의 현재적 삶의 진행과정을 한 때 규정했던 과거의 시간에 의해 채색되고 있다. 행복의 이미지 속에는 구원의 이미지가 불가분의 관계를 맺고 함께 꿈틀거리고 있는 것이다. 역사가 주로 관심을 갖는 과거의 이미지 역시 같은 양상을 띠고 있다. 과거의 이미지는 구원을 기다리고 있는 어떤 은밀한 목록을 함께 간직하고 있다."[벤야민, 「역사철학테제」] 김나희 씨의 〈내란의 밤〉은 거리에서의 투쟁형식으로서 결단되고 투쟁적 현장의 고수 속에서 수행되고 있는, 혹은 "잃어버린 시간의 재몽타주"를 통해 "한 사람을 다시 알아볼 수 있기 위한 기대를 조직해낸다는 그 단순한 책임"[디디-위베르만, 『민중들의 이미지』]으로서 응답되고 있는바, 〈내란의 밤〉을 통한 저 위기적 지금-이미지의 차이화 과정은 평등과 자유의 동시적 관철에 필요한 계기들의 숨은 색인을, 언제든 인용 가능해지는 구원적 힘의 인덱스를 구성한다. 위험의 순간에 솟아오르는 행복의 이미지, 위기 앞에서 지배적 시간의 결을 거슬러가는 구제의 이미지는 항시 그런 행복과 구제의 경계 바깥을 묘출하는 과정으로서 잔존한다. 그 배제된 바깥의 빛 아래서 광합성하는 잔존의 이미지가 다음과 같은 물음들에 대한 응답/책임의 형식을 이루게 될 것이다: "역사적 인식 주체로서의 사라질 위험에 노출된 계급, 역사적 합의로 성립된 재현에서 '결핍노출된' 채 존재하는 계급의 그 저주받은 방대한 몫을 이제 어떻게 가시적이고 해독 가능한 것으로 만들 것인가? 어떻게 민중들의 역사를 만들 것인가? 어디에서 이름 없는 자의 말을, 불법체류자의 글쓰기를, 집 없는 자의 장소를, 권리 없는 자의 요구를, 이미지 없는 자의 존엄을 찾아낼 것인가? 아무것도 기록하고 싶어 하지 않는 이들, 때로는 그 기억 자체를 죽여버리고 싶어 하는 이들의 아카이브를 어디서 찾아낼 것인가?"[『민중들의 이미지』]

4

계엄군의 차량을 막아선 익명의 청년과 관련하여 회자됐던 여러 말들 중에는, 그 긴박한 상황이 인민해방군 전차를 막아세우던 천안문 항쟁의 '이름모를 저항자Unknown Rebel', 일명 '탱크맨Tank Man'을 상기시킨다는 말이 있었다. 위의 인터뷰에서 김동현 씨는 말한다. "천안문 광장의 그 유명한 사진 속에서 그분은 정말로 탱크 앞에 홀로 서 있었지만, 저는 그렇게 외롭지 않았어요. 모두가 함께 지켜내고 있다는 느낌이었습니다." 이 말은 5개월이 지난 시점에서, 텅빈 광장에서 다음과 같이 기억/반복된다: "그날 어떻게 그런 일이 가능했던 것인지? 돌이켜보면 신뢰였던 것 같아요. 내가 먼저 막으면 누군가 나를 지켜주리라 믿었고, 실제로 그랬어요."[「국회 앞 군용트럭 막은 청년의 감사 인사: 2025년 광장이 1980년 광주에게」, 시사인, 2025. 5. 20] 김동현 씨는 "ⓒ워싱턴포스트 화면 캡쳐"라고 명시된 포고령 1호 아래서의 저 위기적 지금-이미지와 다시금 마주치면서 연합과 연결을 향한 믿음에 따라 활동중인 자기를 상기하는바, 이는 광장의 그 많던 깃발들은 다 어디로 갔는가라는 물음에 대해, 이른바 '광장 이후'에 대해 생각케 하는 하나의 계기가 된다. 김동현 씨는 "이 연대와 연결을 어떻게 다시 경험할 수 있을까? '탄핵 블루'라고 해야 하나, 노스탤지어라고 해야 하나"라고 웃음 섞어 말하는데, 탄핵 블루 즉 파면 이후 찾아온 맥빠짐과 무기력증이란, 응원봉이 의사봉일 수 없도록 철통 같이 재가동되기 시작한 여기 대의기계적 간접화상태의 재생산 공정을, 그 속에서 단순 가공의 대상으로 질료화되고 있는 삶·생명을 표시한다. 그 지점에서 김동현 씨가 선택하는 것은 다름 아닌 5·18을 향한 기억, 5·18의 광장을 향해 발송하는 '편지'의 형식이다.

가방에 먹을 것과 옷가지, 필요한 것들을 챙기고 고양이 사료와 모래를 한가득 부어둘 때 먹었던 마음들이 어제 일처럼 선연한데, 오늘 광장에는 천막도 깃발도 보이지 않습니다. 꿈인가 싶어 지난 사진들과 영상들을 보다보면 현실감을 되찾게 됩니다. 계엄군의 오발탄 하나가 1980년 광주에서의 학살을 반복할까 두려웠지만, 광주와 함께 87년에 되찾은 민주주의, 광주 학살 이후 개정된 계엄법 덕분에 국회가 계엄령 해제를 결의할 수 있었습니다. 우리의 기억과 역사 속에 자리

잡은 광주의 아픔이 계엄군을 멈춰세웠습니다. 지켜주시고 말씀해주신 기억들이 우리의 현재를 도왔습니다. 지난 광주, 계엄군에 의해 다친 학생들을 구하던 손길과 치료하던 손길은 남태령으로 이어졌습니다. 자신의 사비를 털어 시민군을 먹이고 돌보던 광주의 기억은 남태령과 한강진, 경복궁으로 이어져, 시민들을 돌봤습니다. 우리의 연결과 연대는 광주에 이미 있었습니다. 감사합니다. 덕분에 살아남았습니다.「국회 앞 군용트럭 막은 청년의 감사 인사」]

'과거가 현재를 도울 수 있는가'라는 물음을 작가 한강과 함께 던지면서 발송되고 있는 이 편지, 그 연결에의 의지는 광장에의 향수, 고향으로의 회귀, 혹은 안락의 전체주의를 피하거나 넘어가는 광장들 사이의 접선과 연계를 표시한다. 달리 말해 이 편지란, 방금 지나간 광장이 멀리 떠나온 과거로 느껴지는 오늘, 그 안온한 광장으로는 다시 돌아갈 수 없다는 고향 상실의 슬픈 감각을 깨고 광장을 진정한 매개로 삼아 이뤄지는 구성적·구축적 힘의 향유와 접선된다. 회귀의 향수·노스탤지어를 깨고 이뤄지는 회억의 향유·주이상스, 그것은 연결에의 믿음의 역사 속에서 구성되고 발현하는 비환원적 힘의 형식이다. 그런 역사·역사성 안에서, 1989년 천안문 6·4 항쟁과 잇닿아 있는 저 위기적 지금-이미지 앞에서, 여기 12·3의 광장은 1980년 광주 5·18 민주화 항쟁과 더불어 회억된다. 그런 회억을 위해 덧붙여둘 것, 아니 그런 회억/재생의 근본조건으로서 말해둘 것은 위의 편지가 다름 아닌 배송 불가능한 위기 속의 우편물dead letter이라는 점, 수취인 불명의 상황을 조건으로 할 때에만이 전달 가능해지는 '우편적 불안'[데리다]과 접합되어 있다는 점이다. '지난 광장의 연결과 연대가 광주에 이미 있었다'는 말을 따라 다음과 같이 말해 놓고자 한다. 광장 이후를 위한 회억의 힘은 아직 전해져 오지 않은 자유/평등화의 힘을 지난 광장들로부터 감지하는 일로서, 그렇게 감지·발굴·구성된 것을 이미 현행화된 해방적 힘들과의 불화 혹은 대치·대면·대질을 통해 거듭 재설정하는 일로서 발현한다. 광장 이후 혹은 광장에의 노스텔지어를 넘어가는 광장의 향유, 예컨대 직접민주주의적 헌법 개정과 후속 입법의 문제가 바로 그런 발현 속에서, 여기 정치적인 것의 소명이자 과제로서 포착되지 않을까 한다. 그 지점에서 초점을 맞추게 되는 것은 6·3 조기 대선의 상황이다.

5

지난 12·3 계엄 이후 6개월이 지나고 있던 때의 여기에선 어떤 시간이 재생되고 있었던가. 어김없이 반복중인 대권大權 선거의 저물녘에 방송 3사 '당선 유력'의 명찰名札을 기다리

고 있는 스펙터클의 시간, 즉 지도자-메시아주의로 전파되
는 시간, 혹은 "사이비 신성"[기 드보르, 『스펙터클의 사회』]에의 전
염 시간. 1표가 가진 힘의 불가피하고도 불가항력적인 위임
이 이번만큼은 문제없는 1인에의 제대로 된 위임이길 고대
하는 다수 유권자有權者들의 대망의 시간, 달리 말해 비상계
엄 이후 부지불식간에 터져 나왔던 것이 될 병적인 징후들
이 생각의 겨를도 없이 봉합되고 봉인되어버릴 것 같은 거짓
안전의 시간, 궐위 속 치명적인 증상들이 남김없이 잠식되고
침식되어버릴 것 같은 폭력적 위기의 지속 시간. 줄여 말해,
잘려나간 1인 통치의 머리·수반·자본Capital이 다시 생겨나고
있는, 그렇게 정치경제적 원-수元-首-지배의 재생회로가 다
시 가동되고 있는 시간. 그렇게 낡은 것은 이미 가고 있지만
새것은 아직 오지 않고 있는 미결정의 시간 속에, 새 포도주
를 낡은 가죽부대에 넣을 수는 없는 여기 궐위상태의 곤혹
스럽고도 곤욕스런 시공간 속에, 새것인지 낡은 것인지를 준
별하거나 시금試金할 수 없는 양가적 모호성 앞에, 즉 다시금
활짝 열린 '법의 문 앞'에 꼼짝없이 계류되어 있다고 느끼는
누군가가 있다면 어쩔 것인가. 안개 낀 법의 그 문 앞을 벌써
부터 고색창연하게 느껴지는 광장 응원봉의 희미한 빛으로
다시 비추기 위하여, 혹은 법의 그 문들이 닫히게 하는 상황
의 구축을 제헌적인-메시아적인 약한 힘의 발현에 따라 검
토하기 위하여 오늘의 궐위상태에 대한 인식 구성의 다른 한

갈래를 찾아보게 된다.

인테레그눔은 오래 검증된 익숙한 일처리 방식들이, 예컨대 공적인 전망·목표·활동계획의 설립과 통합에 기여해 온 제도들이 철저한 탈규제·파편화·민영화에 따라 더 이상 유효하지 않게 됐다는 증거가 누적되고 있음에도 그것들을 대체할 수 있는 더 효율적인 방식이 전혀 보이지 않는 시대입니다. 설령 보인다고 해도, 보이는 그것들은 생각보다 [이미] 앞서 온데다가 변화무쌍하며 아직은 초기 단계인 까닭에 알아차릴 수가 없는 시대, 알아차린다고 해도 진지하게 받아들일 수가 없는 시대, 그것이 인테레그눔입니다.[지그문트 바우만·카를로 보르도니,『위기의 국가』]

정치경제적 통치의 자유재량화·면책화를 통한 축적의 한계철폐 기획과 그런 약탈 기획의 목표이자 결과로서의 공공적인 것들의 전용, 공통적인 장들의 해체. 그 과정 속에 바우만이 말하는 궐위상태가 있다. 그 궐위상태를 '이미'와 '아직'이라는 시간 사이에 놓고 그 사이 시간의 메시아성과 어떻게 관계 맺을 수 있는지를 살펴보고 싶다. 그럴 때 먼저 주목하게 되는 것은 바우만이 '정치'와 '권력' 간의 단절에서 궐위상태를 감지한다는 점이다(그는 '립뛰르 rupture'라는 낱말로 그런 단절의 의미망[분절·결렬·파경]을 가리켜 보인다). 그에게 정치라는 것은 당면 과제상황이 무엇인지에 대한 결정력이며 권력은 결정된 과제상황의 처리를 위한 실행력·해석력·추진력이다. 그 두 힘, 정치력과 권력의 단절이라는 관점 곁에서 질문하게 되는 것은 다음과 같다. 그런 단절 과정의 근저에 있는 힘, 바우만이 언급한 지구적 차원에서의 간섭적인 권력들과도 연동되는 그 힘이란 어떤 것인가. 정치·결정력과 권력·집행력 간의 진정한 결합상태를 깨고 그 두 힘을 분리·저지·무마하면서 그 중간에서 다시 매개하고 달리 접합하는 막후적幕後的 세력, 그렇게 간접적으로 이/접시킴으로써만이 약탈축적의 동력을 재생산할 수 있는 비선실권적 분리/접합의 폭력이 그것이다. 그 한 가지 사례이자 범례가 여기 12·3 쿠데타 세력의 n차 계엄적 축적의지였다. 반복컨대, 그것은 중간적·막후적 실세들의 매개력으로, 비복종의 전염균을 방역하기 위한 비선실권의 비밀화된 영향력으로, 그들 친위적 간접권력들 간의 무책임한 알력과 투쟁으로, 줄여 말해 층층겹겹의 위계화·간접화 기계들로 가동되는 면책/면역의 축적체제를 축성築城/祝聖할 것이었다. 그런 한에서 관건은 정치와 권력의 다른 결합, 그러니까 그 결합이 어떤 형질을 띤 것인지, 그 진정한 결합의 조건은 무엇인지, 예컨대 그 결합에 따라 1인·소수·다수의 지배력이 어떻게 배합될 수 있는지, 정의와 폭력과 법의 관계가 어떤 식으로 재설정될 수 있는지를 질문하는 일이다. 정치·결정력·이념정초력과 권력·집행력·제도운용력 간의 순수매개상태, 제3자적 간접권력의 틈입闖入 없(애)는, 비선권력적인 분리/접합 없(애)는, 그렇게 서로 '직-접'하는 정치와 권력의 하모니. 이는 1인 지도자 대망의 메시아주의로 환수되지 않는 광장의 제헌력, 그것에 뿌리박은 새로운 노모스 취득의 한 가지 조건이 될 것이다. 그러하되 그 직-접의 벡터는 이미 앞질러 도래한, 따라서 현실의 권력관계와는 어긋나는, 변화무쌍하므로 미확정적이며 계측불가능한, 그 속에서 여전히 시초적인 x로서 거듭 시작되고 있는, 그렇기에 실용적 정치과학의 이름 아래 실현불가능한 공상으로 간주되고 마는 힘의 형식이다. 그러나 '이미'와 '아직' 사이로서 발현하는 그 힘은, 이미 만족할 만큼 완전히 도래했다는 인식에 의해 축성되는 질서화·현상유지화 세력에 맞서 아직 오지 않은 힘으로써 대척점을 이루며, 아직 오지 않고 있으니 끝내 오지 않으리라는 사실절대화 세력을 거슬러 이미 도래중인 폭(권/위)력으로서 적대의 구도를 구축한다. 아직 오지 않았음을 빌미로 이미 도래중인 상황적 힘을 재단하고 합성하는, 이미 도래한 상황에 허용과 금지의 폴리스라인을 그으면서 아직 다 온 게 아닌 힘의 잠재성을 구속하고 폐기하는, 그렇게 양방향에서 합작되는 수습·진정·관리·타협·안락의 폐쇄회로적·치안질서적 궐위상태의 재생산. 이를 무위로 돌리는 힘이란, 낡은 사회의 간접화된 폭력연관 속에 알아차릴 수 없이 일그러진 채로 배태된 새로운 노모스를 태어나도록 하는 직-접의 폭(권/위)력, 환원불가능한 차이적 게발트의 실질형태소이다: "게발트는 새로운 사회를 잉태하고 있는 모든 낡은 사회에서 산파 역할을 한다. 게발트는 그 자체로 하나의 경제적 힘이다."[칼 마르크스, 『자본』] 그런 "게발트=산파Gewalt=Geburtshelfer"의 활력, 그 지고한 정치를 위한 마르크스+벤야민적 기획으로서의 순수매개적 정치-경제의 힘. 그것은 풍요Reichtum라는 것의 정의定義/正義를 위한 온당한 생산·운영이자 적실한 나눔·돌봄으로서의 "경제적 활성력ökonomische Potenz"[K. Marx, *Das Kapital*]인바, 그 경제(외코노미oikos+nomos)적인 경륜·사려·섭려攝慮의 활력은 경영·목양·관리·배분이라는 노모스의 중심 속성과 연동한다. 말하자면 노모스의 경제적 힘, 경제의 노모스적 힘. 그것은 현행적 법관계·권력관계를 전위시키는 정의관계의 분만력·취득력으로서 발현하며 게발트=산파를 따라 분만되는 풍요의 오이코노미아 즉 신적인 경륜으로서 영위된다. '이미'와 '아직' 사이에 뿌리박은 그 게발트=산파의 메시아성을 여기 궐위상태의 크리틱[비판-시금석]에 근거해 진정한 비상상태의 조형을 위한 조건으로 묘출해 가는 일, 최종목적의 수단으로 환수되지 않는 여실하고도 여일한 폭(권/위)력의 약한 잔존과 희미한 탈존을 살피는 일. 그런 형질의 과제를 말하는 한에서, 낡은 것은 가고 있기만 한 게 아니며 새것은 무매개적으로 오는 게 아닌바, 낡은 것은 가고 있으면서도 회귀하는 중이며 새것은 그런 회귀 속에서만, 그 회귀를 거스르는 과정으로서만 배태·분만될 수 있다. 궐위·공위상태가 가리키는 것은 아직 여전히 재생·반복·귀환·심화·악화되고 있는 낡은 것(유사-새것) 안에서 항상 이미 그것을 거슬러 그것 너머로 향하는 힘의 발현에 대한 무감각 상태이며 그런 발현의 실재성이 다름 아닌 위기에 근거해 있음에 대한 감지의 무능력 상태이다.

6

예컨대 그런 무감각·무능력 상태는 지연되는 정의가 앞당겨지는, 이월되는 폭력의 연장체가 끊어지는, 법의 문이 닫히면서 마치 법의 소멸과도 같은 법의 완성이 이뤄져가는 '지금'의 시간, 거기에 터를 잡은 벤야민+바우만적 인식기획으로서의 (공)위기라는 과제에 대해 생각케 한다: "[공]위기는 어떤 대처 방식을 택할지에 관한 결정의 시간이지만, 정작 인간 경험의 무기고에는 믿고 쓸 만한 전략이 전혀 없어 보입니다. 그렇다고 해서, 지금은 전혀 운용되고 있지 않거나 부분적으로만 작동하고 있는 감독, 통제, 규제, 관리의 국가장치들로 되돌아가야 할까요? 아니, 그렇게 되돌아가는 것이 가능하기나 할까요? 지금 우리는 정치를 완전히 새로운, 전례 없는 수준으로 끌어올려야 하는 거대한 과제에 직면해 있는 것으로 보입니다."[『위기의 국가』] 궐위상태와 마주하여 되돌아갈 수 있는 차선책이나 차악의 안식처 같은 건 없다. 궐위상태 속에서 차선과 차악은 유사-새것의 이름으로 날인되는 '나중에'의 정치, 그것을 보위하고 연장하는 폭력의 정당성 조달형식이다. 그것에 맞서, 그러니까 궐위상태의 병적 증상들을 깨고 나오는 '지금 당장'의 정치는 다음과 같은 물음들 간의 연관을 과제 구축의 척도로 삼는다. 관리·약정하는 국가장치냐 그것을 내파·전용하는 역逆장치냐, 보호와 복종을 교환케 하는 제도기계냐 그것 안에서 자유와 평등의 배합관계를 구성케 하는 제헌적 이념기계냐, 국권주의적 대의통치냐 그것을 구속·기속羈束하면서 이끌고 기르며 나누는 지고한 정치냐. 최고도 위기의 시공간에서 직조되는 그런 물음들 사이의 끓는점, 그런 적대적 상보성의 비등점을 스치고 지나는 궐위-크리틱의 접선들은, 그 위기의 근원이자 산물인, 그 비판의 대상이자 원동력인, 그 시금석으로 세어지고 재어지며 준별되는 폭(권/위)력인 비상상태의 형질을 묘출해 준다. 그런 표시 속에서, 전례 없는 진정한 비상상태가, 책임의 비상시가, 낡은 유혈적 노모스의 지양이, 새로운 신적인 노모스의 분만과 취득이 산파=게발트의 과제Aufgabe로서 구성된다. 그러나, 그 과제란 그것의 중단 및 포기Aufgabe와 상호 조건적으로 연접되어 있는바, 그 과제는 영속적인 자기 정지와 자기 반추의 과정/소송 속에 있다. 그러하되, 아니 그렇기에, 그 과제의 포기란 자포자기自暴自棄한 유사-구원적 고향으로의 되돌아감일 수 없는바, 그런 사정이 산파=게발트의 과제를 추동하면서 지속되게 한다. 그런 사정이 궐위의 크리틱을 오늘 여기 일상이 된 비상상태 속에서 그것 너머를 향해 수행될 수 있게 하는 지반이다.

윤인로

비평가. 『신정-정치』 『묵시적/정치적 단편들』을 지었고, 『로마 가톨릭교와 정치적 형식』 『국가와 종교』 『이단은 어떻게 정통에 맞서왔는가: 주술제의적 정통성 비판』 『트랜스크리틱: 칸트와 마르크스』 등 10여 권의 책을 번역했다.

∞ 쟁점-서평

끝없이 모색하는 좌표와 마지막 말
: 『최인훈의 아시아』라는 보조선

『**최인훈의 아시아**』, 장문석, 틈새의시간, 2025.

김건우

> "소설가는 다른 절차를 다 마친 다음에도 손으로 만져보고 눈으로 살피기 전에는 마지막 말을 해서는 안 된다."[1]

1. 꿈과 현실의 교차점 그리고 '열려라 꿈을!'

"이 책은 많은 한국인이 기억하는 『광장』이 제시한 단편적인 장면들에 대한 긴 주석이다."(32)[2] 이 책의 제목 '최인훈의 아시아'를 구성하는 최인훈도, 아시아도 들어가지 않는 이 선언은 독자의 눈을 사로잡는다. 이 책은 최인훈의 아시아를 논하는 광장이고자 하는 것일까. 그를 넘어서 동아시아인에게 아시아는 하나의 광장이라는 의미일까? 이 서평은 이 물음에 대한 답을 저자가 어떻게 모색하는지 추적해보고, 그에 대한 몇 가지 개념들을 제시하고자 한다. 그리고 이 과정은

---

1 최인훈, 『화두 1』, 최인훈 전집 14, 문학과지성사, 2008, 130쪽.
2 앞으로 쪽수만 언급하는 경우에는 본 서평의 대상이 되는 다음 책의 해당 쪽수를 지칭한다. 장문석, 『최인훈의 아시아』, 틈새의 시간, 2025.

현실을 어떻게 이해하는지의 문제로 해명될 것이다.

박사논문을 포함하여 그간 발표한 9편의 논문들을 바탕으로 수정 및 보완하여 집필된 이 저작이 『광장』에 대한 긴 주석이라는 저자의 말에 따르면, '최인훈의 아시아'라는 이 책의 제목은 『광장』의 주인공 '이명준'으로 대체되어 '이명준의 아시아'로 읽을 수 있게 된다. 그런데, 최인훈은 후에 "『광장』의 주인공은 자기 개인의 미숙성과 자기가 속한 사회의 미숙성이 교차하는 자리에서 자기가 설자리를 찾아내려고 노력한 한 시대의 생활자의 초상이다."라고 말한 바 있다. 이 교차의 문제설정은 최인훈에게 주도동기가 되는데, 그가 『광장』을 자기분석하면서 도입하는 '교차의 관계'는 "'꿈'의 좌표축과 '현실'의 좌표축이 교차하는 것"으로서, 이 때 "작품의 시공은 꿈과 현실의 입체 교차 좌표로 표기되어야 하는 시간 공간"[3]이기도 하다. 그는 「열려라 꿈」에서 이야기는 "우리가 진리와 사랑의 모습과 그것을 지니려고 애쓰는 우리의 모습을 이야기 속에 가두어 놓아 삶에 지친 우리가 문득 꿈을 되찾고 싶어질 때 찾아가는 알리바바의 동굴 같은 것이다."라고 하면서 그 이야기가 동굴 속에 갇혀 있기 때문에 다양한 감정과 양태들이 극대로 보장되어 있고, 녹슬지 않았으며 바래지 않는다고 말한다. 그래서 우리는 이야기를

---

3 최인훈, 『길에 관한 명상』, 최인훈 전집 13, 문학과지성사, 2010, 196쪽.

읽기 시작하면 우리 자신도 모르는 '열려라 꿈'을 이라는 주문을 외우게 되고, 그때마다 창조의 순간처럼 싱싱한 꿈속의 기쁨과 슬픔들이 보물처럼 우리를 풍족하게 살아가게 한다고 말한다.[4] 마찬가지로 사북자리 위에서 "열려라 꿈을"이라고 주문을 외우면 그곳에서 특정한 방향으로 이야기가, 꿈과 현실이 교차하는 시간공간으로 펼쳐질 것이다. 장문석의 『최인훈의 아시아』는 이에 관한 책이다. 그리고 우리에게도 최인훈과 함께 이 주문을 외쳐보자고 요청한다.

2. 움직이는 좌표 그리고 '원시인이 되기 위한 문명한 의식'

최인훈에게는 좌표를 설정하는 것이 언제나 문제였다. 그가 교차에 집중하는 것은 "신학, 철학, 논리학과 거기에다 수학까지를 뭉친, 새로운 방법으로 존재의 구조를 수식화한다."는 '기호신학'[5]을 완성하기 위해서가 아니다. 기호신학은 결론없는 인생을 지옥으로 파악하기 때문인데, 결론이 있다면 꿈과 현실의 교차를, 개인의 미성숙과 사회의 미성숙 간의 교차와 비동시성을 문제삼을 이유가 없기 때문이다. 다시 말해서 결론이 없기 때문에, 결론을 고정할 수 없기 때문에,

---

4   최인훈, 『王子와 탈』, 문장출판사, 1980, 서문 참고.
5   최인훈, 『달과 소년병』, 문학과 지성사, 2019, 144쪽.

어느 시점에서의 결론은 또 다른 공간의 전제가 되기 때문에 계속해서 좌표를 모색한다. 이 책은 이를 위해서 최인훈의 좌표설정이 한반도에서 아시아로 확장하고 있다는 점을 그의 작품들을 한 축으로, 그 작품이 선취하기도 하고 소급하기도 한 시대에 대한 풍부한 학적인 논의들을 다른 축으로 해서 서로 교차시키면서 독자들에게 설득력 있게 보여주고 있다. '교차의 관계'라는 최인훈의 문제설정을 그대로 최인훈에게 적용하고 있다는 점에서 이러한 논의의 구성은 한편으로는 최인훈의 작품을 그의 문학의 안과 밖에서 동시에 풍성하게 읽어내는 데 기여한다. 이는 최인훈의 텍스트가 꿈의 좌표축과 현실의 좌표축이 매번 교차하면서 "열려라 꿈을!"을 외치고 있는 것처럼, 최인훈 작품의 좌표축과 당대의 역사적인 현실의 좌표축을 교차시키면서 독자에게 "열려라 아시아의 꿈을!"이라는 주문을 제안하고 있다. 이 작업은 아시아인을 넘어 세계인의 지평을 확보했지만 최인훈의 작업이 그렇듯이 이항대립 축의 어느 한 쪽을 편드는 방식이 아니라, 즉 "외부의 문명을 따라잡으려 하는 것도 아니며, 독립 문명으로 향한다는 몽상에 빠지지도 않으면서, '주변'에 몸을 두고 있음을 자각하고 그곳에서 자세를 가다듬는 태도. 자신의 식민지성과 주변부성을 직시하면서 공존과 연대

를 꿈꾸는 용기"(372)를 내용으로 한다.[6]

그런 꿈은 언제나 '개인의 미숙성'과 '사회의 미숙성'이 교차하기 때문에, 시차가 발생하기 때문에 가능하다. 더구나 저자가 잘 보여주고 있는 것처럼 이는 단지 개인의 주관적인 이성과 합리성의 문제로 환원되어 그것으로 시대의 제약과 역사적인 조건을 돌파할 수 있는 것이 아니다. 개인의 미숙성과 사회의 미숙성이 서로 교착하고 있어서, 그 힘은 "변화와 변화 아닌 것의 통일", "변하지 않는 범위 속에서의 변화"[7]라는 의미에서 특정한 궤도를 따른다. 그 궤도 위에서만 궤도 밖의 꿈을 꿀 수 있다. 꿈꾸는 것이 불가능하거나 그럴 필요가 없는 곳에서는 꿈을 꿀 수 없다. 꿈꾸는 것이 불가능하지도, 필연적이지도 않기 때문에 꿈을 꾼다. 그리고 그 꿈 역시 특정한 역사적인 궤도 위에 있다. 이런 점에서 최인훈의 교차점은 미숙성들 간의 교착점, 꿈과 현실의 교착점에 다름 아니다. 그 교착점은 그러나 기호신학에 따라 제도된 대로, 외부에서 기획된 대로 운행하는 것이 아니라 저자의 지적처럼 아시아라는 '보조선'을 새로운 현실에 맞춰 새롭게

---

6   이에 대해서 저자는 제1장 「최인훈, 아시아를 질문하다」에서 '최인훈의 상상-식민지 없는 우리나라가 갈 수 있는 세 가지 길'에서 최인훈의 전망을 개괄한 바 있다(34쪽 이하). 이런 점에서 제5장 「최인훈, 아시아를 생각하다/살다」는 아시아에 대한 질문이 아시아를 생각하고 살아가는 것으로 응답하는 순환구조를 구성하고 있다.
7   최인훈, 『길에 관한 명상』, 최인훈 전집 13, 문학과지성사, 2010, 248쪽.

긋는 방식으로 자신의 경로를 펼쳐간다. 하지만, 난점은 이러한 좌표는 현실 바깥에서 목적론적으로 부과되는 대신 이명준의 바다가 그런 것처럼 운행하면서 매번 새롭게 설정해야 하는, 즉 자기 자신을 자신의 대상 속에서 발견한다는 의미에서 '자기포함적'인 조건과 관계 속에서 측량되어야 한다는 데 있다. 그리고 이는 "역사의식, 문명감각 그리고 비전"[8]을 가질 때, 비로소 "백지 상태의 젖먹이로부터 출발해서 그 사회의 수준에까지 자기를 성숙시켜야 하는"[9] 시대적 과제를 감당할 수 있다. 우리는 이를 최인훈의 고유한 문제의식을 빌려서 '원시인이 되기 위한 문명한 의식'이라고 할 수 있다.[10] 탈식민화라는 '역사의식'과 비서구적 탈구축이라는 '문명감각'으로 (동)아시아의 현실을 새롭게 읽어내고 거기서 민중들 간의 사회적 연대를 '비전'으로 갖는(229 이하) "슬픈 육체를 가진 짐승이 내는 별들의 토론소리"(229 이하, 248)[11]

---

8 최인훈,『유토피아의 꿈』, 최인훈 전집 11, 문학과지성사, 2010, 413-414쪽.
9 최인훈,『유토피아의 꿈』, 최인훈 전집 11, 문학과지성사, 2010, 301-302쪽.
10 최인훈,「원시인이 되기 위한 문명한 의식」,『길에 관한 명상』, 최인훈 전집 13, 문학과지성사, 2010, 참고.
11 "프랑스 혁명은 다만 한 가지 형태의 착취를 다른 형태의 착취로 바꾼 데 지나지 않지만, 이에 비해서 우리들은 인간에 의한 인간의 착취에 바탕을 둔 사회를 인간의 연대성에 바탕을 둔 사회로 바꾸어 놓고 있는 중이다."(157). 최인훈,『화두』에서 재인용.

는 매번 모색하지 않을 수 없는 좌표의 준거로서 이념—이것이 이 책3장, 아시아의 시간, 즉 '비서구 근대의 경험을 통한 보편성의 재인식'의 내용이 된다—, 말 그대로 밤하늘의 북극성이 된다. '원시인이 되기 위한 문명한 의식'과 '슬픈 육체를 가진 짐승이 내는 별들의 토론소리'의 조응에서 좌표설정의 철저함뿐 아니라, 원시인/아시아와 문명인/서구의 전도를 읽는다. 이는 원시/문명, 아시아/서구의 비대칭성을 대칭성으로 전도하려는 이념을 갖는 좌표다. 현실의 힘을 조건으로 하기 때문에 더욱 그 좌표는 교착점이 될 것이고, 그래서 더욱 '연대와 공존을 기반으로 한 새로운 세계사의 원리'로서 아시아가 갖는 이념이 필요할 것이다.[12]

좌표가 자기포함적인 좌표인 것처럼, 원시인이 되기 위한 문명한 의식은 '원시인→문명인'의 선형성 대신, '원시인→문명인→원시인→…'의 순환성으로 구성된다. 또한, 우리는 여기서 다시 한번 '된다'의 축과 '의식'의 축의 교차를 읽을 수 있다. 계속해서 최인훈에게는 이 교차 그리고 교착의 관계가 운동하고 있다. 의식은 된다/한다와 분리되는 대신 서로를 구속한다. 좌표가 보여주는 방향을 길로 만들어야

---

12 "최인훈은 동아시아 냉전 질서의 변동에 유의하면서 점차 아시아의 공간, 아시아의 시간, 아시아의 원리를 발견하였다. 그가 아시아를 사상으로서 구성하는 과정은 한국이라는 주체를 재구성하고 새로운 세계 인식의 가능성을 탐색하는 과정이기도 하였다."(361)

한다. 좌표의 의식은 곧 좌표의 행동이 된다. 좌표의 의식이라는 현재적인 미래는 좌표의 된다의 미래적인 현재와 결합되어 있다. 좌표가 존재하는 것이 좌표의 행위가 된다. 그리고 우리는 그 자기포함적 좌표 안에서 자유를 갈구한다. 의식과 행함의 뒤얽힘으로 구성된 좌표의 운동은 특정한 궤도를 따라 역사성을 갖게 된다.『최인훈의 아시아』는 이 궤도를 최인훈을 따라가 본 또 다른 궤도를 그리고 있다.

3. 길 그리고 시대의 서기

이 책은 주목하지 않았지만, 최인훈의 이런 좌표의 궤도의 운동에 있어서 바다와 한 사발의 물을 구별하는 것은 결정적인 중요성을 갖는다. 그의 말을 빌리면, "사람은 바다를 마시는 것이 아니라 한 사발의 물을 마시는 것이다."[13]라고 할 수 있다. 바다 위에 있을 때에 우리는 바다를 보면서 배를 운행하지 않고, 지도와 좌표를 그리고 밤하늘의 별자리를 보면서 운행한다. 즉, 바다에 있을 때에도 우리는 바다 위 배

---

13 『유토피아의 꿈』(최인훈 전집 11), 문학과지성사, 2010, 76쪽.『광장』에서도 우리는 다음의 구절을 읽을 수 있다. "준다고 바다를 마실 수는 없는 일. 사람이 마시는 한 사발의 물. 준다는 것도 허황하고 가지거나 함도 철없는 일. 바다와 한 잔의 물. 그 사이에 놓인 골짜기와 눈물과 땀과 피. 그것을 셈할 줄 모르는 데 잘못이 있었다." 최인훈,『광장』, 최인훈 전집 1, 문학과지성사, 2008, 191쪽.

안에서의 좌표를 묻지 않을 수 없다. 그럼에도 "결국 배는 바다에 있는 것이지 선실에 있는 것이 아니기 때문"[14]에 그 좌표는 움직이는 좌표이고, 좌초의 위험을 언제나 수반하는 좌표이며, 무엇보다도 자기 안에서 새롭게 변화할 수 있는 가능성을 갖는 좌표다. 바다는 무수한 별자리를 갖는 '별바다'가 된다.[15]

앞서 사북자리는 '꿈과 현실이 교차하는 시간공간'이라고 했다. 세계와 우리의 현실에서 위치를 특정하고 방향을 정하는 좌표점으로 사북자리는 '원시인이 되기 위한 문명한 의식'을 모색하는 정신적 시력으로 좌표를 측정하고 길을 찾아가는 준거가 된다.『광장』말미의 유명한 비유 '부채의 사북자리'는 끝에 다다른 한계점으로 생각할 수 있지만, 사실 이 자리가 없으면 부채는 반복적으로 접고 펼칠 수가 없다. 다시 말하면 사북자리는 한편으로는 반복을 가능하게 하는 고정점이면서, 다른 한편으로는 그렇게 고정된 상태에서 부채를 펼치고 접히게 하는 변이가능성의 점이기도 하다. 사북자리는 부채를 부채이게 한다는 점에서 동일성을 응축하는 점이고, 부채를 반복적으로 다른 상황에서 다른 방식으로 사용할 수 있게 한다는 점에서 동일성을 확인하는 점

---

14 최인훈,『화두 1』, 최인훈 전집 14, 문학과지성사, 2008, 10쪽.
15 이에 대해서는 다음을 참고. 김건우,「신화적 공간으로서 바다-최인훈의 바다의 가능성」,『문학/사상』, 산지니, 2020.

이다. 어떤 상황에서도 '재사용가능성'을 일반화하는 점이 사북자리다. 사북자리는 한계상황이 아니라 매번 좌표를 측정하는 데 사용할 수 있는 일반성의 시간공간이다. 더불어 이 점을 중심으로 펼쳤을 때 생기는 부채꼴 이외의 원의 부분에 대한 불안과 공포를 수반한다.[16] 하지만 이는 좌표의 의식과 좌표의 행동이 일회적으로 완성되는 것이 아니라 매번 자신의 길을 인식/행위할 때마다 새로운 지평이 되는 미지, 무지, 불확실성, 불투명성의 다른 이름일 것이다. 제거불가능한 경험의 조건이 된다.

좌표는 이미 정해져 있는 길을 지시하지 않는다. 그러면 좌표가 필요없을 것이다. 그것은 최인훈의 용법을 빌리면 '기호신학'에 따라 정해진, 예정된 길이다. 최인훈에게 아시아는 개인적으로 '아시아태평양전쟁'에 대한 기억(360이하)과 결부되어 있다는 점에서도, 또 역사적으로도 "광역권으로 냉전을 경험한 유럽의 경우와 달리 동아시에에서는 국민 국가 단위에서 탈식민지화와 냉전을 경험"(313)[17]했다는 점에서도 바다/태평양 없이는 생각할 수 없다. 저자가 아시아라는 '보조선'을 통해 '환경'을 발견하게 된 것[18], 즉 "아시

---

16 최인훈, 『길에 관한 명상』, 최인훈 전집 13, 문학과지성사, 2010, 239쪽.
17 "이 책은 동아시아를 일본, 북한, 한국, 중화인민공화국, 타이완을 가리키는 용어로 사용한다."(40).
18 이 환경을 발견하기 전의 원형을 이명준은 다음의 달걀 비유로 보여준

아를 실감하고 '환경'이라는 조건에 유의하여 세계사를 재인식"(316)하게 된 것—이것이 제4장에서 '아시아주의'의 수행적 재구성에 있어 중요한 작품으로 분석되는 『태풍』이 특정하는 지정학적 위상이 된다—역시 개별 국민 국가들이 광역권으로 묶일 수 있었던 유럽과 달리 동아시아의 각각의 국민 국가들을 사실상 섬으로 만드는 바다/태평양이라는 지정학적이고 지리적인 조건 때문이다. 그래서 최인훈의 길은 언제나 바다 위의 길이다. 그 길에 대해 최인훈은 '길'이라는 말에서 '길들이는' 행위이자 '기르는' 행위를 발견한다. 길이라는 말, 언어가 길들이고 기르는 행위가 된다. 우리 식으로 하면, 길에 대한 인식이 길을 만드는 자기포함적인 자기전개 안에 있다. 그 길은 "주체가 아닌 것을 주체에게 본질적인 것으로 만든다는 뜻"에서 '길들이는' 길이고, "객체였던 것이 주체의 내용이 된다는 결정적인 움직임"이자, 인간 자신의 소유로 묶어둔다는 의미에서 "인간의 곁에 가까워지고 마침내 인간 자체의 능력, 인간이 자기 안에 갖추게" 된다는 의미에서 '기르는' 길이 된다.[19]

다. "자기와 둘레 사이에 아무 티격태격도 없는, 달걀 속 노른자위 같이 사는 무렵이 그나마 좋은 때라 할까." 최인훈, 『광장』, 최인훈 전집 1, 문학과지성사, 2008, 45쪽.

19 최인훈, 『길에 관한 명상』, 최인훈 전집 13, 문학과지성사, 2010, 31쪽 및 250-251쪽.

주체 아닌 것을 주체의 곁에서 두면서 사용가능한 것으로 길들이고, 주체 바깥에 있던 것을 주체의 내부에 가져와서 자신의 것으로 기르는 그 능력은 사북자리에서 좌표를 설정할 수 있는 능력과 다른 능력이 아니다. 좌표를 설정하는 것은 그 이후에 방향을 정해서 새로운 길로 나아가는 것과 하나이기 때문이다. 그리고 그런 만큼 그 능력을 통해 우리는 바다 위에서, 또는 우리의 환경 안에서 새로운 궤도의 방향을 인식하고 그 길을 기르고, 길들이면서 행위할 수 있다. 이 책의 제5장 「최인훈, 아시아를 생각하다/살다」라는 제목에서 '생각하다/살다'가 하나로 묶여 있는 것 역시 이런 맥락에서 읽을 수 있다. 내 것이 아니었던 길이 내 앞에 펼쳐지게 될 길로 길들여지고, 그 길이 곧 나의 존재를 구속하면서 이후 궤도가 될 길로 길러진다. 인식/행위의 자기포함적인 뒤얽힘을 좌표로 설정하고 그에 따른 길을 길들이고, 길을 길러낼 수 있는 자가 '시대의 서기(書記)'다. 그리고 시대의 서기는 바다를 자신의 환경으로 한다. 그렇게 별바다는 '꿈과 현실이 교차하는 시간공간'이 된다.

 저자의 작업은 최인훈의 아시아가 어떤 자신의 원리로 어떤 현실의 시간과 공간의 길을 길들이고, 기르며 가는지, 어떤 꿈을 열어보일 것인가에 대한 물음을 던지고 그에 대해 아시아의 공간(2장), 아시아의 시간(3장), 아시아의 원리(4장)를 추적하면서 우리에게 그 좌표와 길을 제시하고 있다.

4. 아시아라는 보조선 그리고 '현실에 걸맞은 명문', '명문에 걸맞은 현실'

본 저작은 냉전과 후진성을 고민하던 "최인훈의 질문을 당대적 맥락에 유의하여 재구성하고, 그 대답을 현재의 시각에서 검토"(33)하고 있다. 저자에 따르면 이는 최인훈의 문학이 "후식민지 한국이라는 구체적 시공간의 역사적 경험 속에서 수행적으로 형성된 것"(37)이기 때문이다. 그 결과는 "식민지와 냉전의 경험 가운데에서 사유의 밀도를 갖추었던 최인훈의 문학적 상상력이 아시아라는 계기를 만나면서, 어떻게 새로운 사유와 상상력의 가능성을 열어갔는지 살펴"(38)보는 것으로 정리된다. 이 목적을 위해서 저자는 '아시아'를 발견한다. 즉, 아시아를 발견한 최인훈을 발견했다. 그렇게 제1장 「최인훈, 아시아를 질문하다」에서 이런 문제의식을 선명하게 드러내고 있다.

이 때, '아시아'는 가령 선진국 대 후진국의 이항대립이라는 '유럽적 원리'를 비판적으로 또 역사적으로 재구성할 수 있는 '아시아적 원리'를 제시하는 보조선이 된다. 이런 점에서 우리는 최인훈을 『광장』뿐 아니라, 『두만강』 그리고 『태풍』의 작가로 읽어야 한다. 『두만강』을 통해서 시선이 한반도에서 만주로 확장하며, 『태풍』을 통해서 아시아를 경유한 세계사를 읽는 시야와 전망이 확보된다. 이것이 이 책의 제4장 '아시아의 원리'의 골격이 된다. 이를 선명하게 그리고 설득력 있게 제시하고 있다는 점이 이 책이 최인훈 연구에 있어 갖는 강점이 된다.

아시아라는 보조선으로 세계를 새롭게 구별하고 관찰하면서 이전에 볼 수 없었던 것, 이전에 표상할 수 없었던 질서가 역사적인 질서로 등장하게 된다. 보조선은 식민지와 냉전의 역사로부터 자유롭지 못한 '한국-세계'라는 이항대립을 '한국-아시아-세계'의 관계로 탈구축함으로써 이전의 비대칭적인 시각을 대칭화하고자 한다. 즉, 이전의 시각이 비대칭성에 따라 이항관계의 두 항의 위계를 상정하면서, '선진/제국과 후진/식민지'라는 선택지를 강제하고 이 두 선택지 외의 선택을 실천할 수도 상상할 수도 없을 때 최인훈이 선택한 것은 일차적으로 이 비대칭적인 위계적 관계를 정지하는 것(37)이었다.[20] 더 정확하게는 세계나 선진국의 시간

---

20 "식민지라는 문제 상황에 대한 해석과 해결 방법 자체가 냉전이 정한 사유의 임계를 넘지 못했고, 주체의 이동이 제한되면서 공간적 이동에 따른 문화적 상상과 몽상 또한 차단되었다. 최인훈 역시 1960년대 중반 『회색인』과 「총독의 소리」에서는 한국과 일본의 관계를 대칭적으로 이해하고, 억압과 수탈의 관계로 그것을 이해하였다. … 「두만강」에서 발견한 지역으로서의 식민지와 '동물적 친근감'에 대한 상상은 이후 1970년대 데탕트를 통해 동아시아를 실감하면서 상상의 심도가 깊어지고 범위가 확장된다. … 지역을 공유하는 식민자와 피식민자의 '동물적 친근감'은 『태풍』(1973)에서 중요한 계기가 된다. 최인훈은 다른 시간과

이 식민지와 냉전에 구속되어 있는 한국이나 후진국의 시간의 척도가 되었다면, '아시아'가 보조선으로 개입한 이후 질서는 새롭게 표상할 수 있게 된다. 아시아를 '한국-세계' 축에 대한 '보조선'이라고 말한 것은 기존의 재현의 질서에 부차적이라는 의미가 아니라, 비대칭성에 변이를 부여해서 새로운 시선의 각도를 창출하는 실천적 활동이다. 저자의 표현을 빌리면, "당대적 맥락에 유의하여 재구성하고, 그 대답을 현재의 시각에서 검토"(33)하는 구체적 시공간의 역사적 경험 속에서 역사화(37)해서 시대를 읽는다는 점에서 '수행적' 활동이라고 할 수 있다—이라는 적극적인 의미를 갖는다. 이런 점에서 보조선은 세계를 관찰하고 인식하는 새로운 구별을 위한 장치다. 가령 선진/후진의 구별 대신 문명A/문명B의 구별로 구별의 반대항의 지위를 탈위계화하는 방식이 그것이다. 이제, 한국, (동)아시아, 세계가 동시적으로 서로 연결되면서 위계를 탈구축한다. 시간은 가령 선진을 뒤따라가야 하는 후진 식으로 존재론적 위상에 따른 위계를 갖는 것이 아니라, 동시적인 것을 매번 앞/뒤의 순서를 새롭게

공간, 그리고 역사를 가상화한 식민지/제국의 관계를 상상하여 '식민지'라는 문제를 보다 깊이 탐색해 간다. 이 점을 감안하여 눈길을 끄는 것은 「두만강」에서 지역에 대한 인식이 아시아에 대한 발견과 겹쳐서 제시된다는 사실이다. 「두만강」의 서술자는 아시아에 대한 하나의 징후를 남겨두고 있다."(313).

선택하는 방식으로 시간화된다. 문명B는 필연적으로 문명 A를 따라야 하는 것이 아니라, 문명C를 선택할 수 있다. 동아시아 없는 세계 인식은 불가능하다. 유럽과 미국만의 세계 인식 역시 불가능하다. 이는 유럽이나 과거 제국주의/선진 문명을 주변화하는 것이 아니라, 세계를 다(多)중심의 질서의 시간공간으로 인식하는 것을 말한다. "모든 사람의 가능성에 길을 열어주는 것. 이것이 참다운 '넓이'다. 가능성의 넓이. 그것이 모든 것을 결정한다."[21]는 점을 고려하면, 다중심의 시간공간 인식이야말로 참다운 가능성의 '넓이'를 결정한다. 위계를 대칭적으로 탈구축할 때 이전에 없던 새로운 가능성이 생겨나기 때문이다. 서구/선진만이 세계사의 주인공이라는 위상 역시 탈구축되고, 비서구/아시아라는 보조선을 통해 대칭성을 획득한다. 우리는 여기서 신화는 영웅들이 주인공이 되는 비극적인 이야기가 아니라, "특별한 사람들의 이야기가 아니라, 보통 사람이 깊게 살아갈 때 그 인생을 부르는 이름"[22]이라는 최인훈의 형이상학을 확인할 필요가 있다. '보통'이라는 말은 탈위계화된 대칭성을 지칭하는 또 다른 이름이다. 보통은 '아시아주의의 수행적 재구성'(324 이

---

21 최인훈, 『유토피아의 꿈』, 최인훈 전집 11, 문학과지성사, 2010, 198-199쪽.
22 최인훈, 『길에 관한 명상』, 최인훈 전집 13, 문학과지성사, 2010, 121, 123, 133쪽.

하)을 통해 세계사를 다시 쓰고자 할 때 요청되는 시선의 지평이다. 서구라는 영웅이 주인공이 되는 몰락과 파국의 비극의 서사가 아니라, 보통의 아시아와 보통의 서구 그리고 세계사를 구성하는 보통의 다른 '지역'[23]이 자신의 전통을 스스로 창출하고자 할 때, 우리는 보통의 신화적 지평을 만나게 된다. 미래를 향해 뒤로 운동하는 현재가 신화적 지평이고 신화적 시간이다. 그래서 몰락이 아니라 매번 새로운 자기구성이라는 부활의 형식을 갖는 이 시간 속에서 전통은 과거의 것을 맹목적으로 고수하는 것이 아니라, 시간의 흐름에 대해 스스로를 지켜야 할 이유를 자신에게 납득할 수 있게 설명할 수 있는 자기선택이 된다.[24] 또는, "서구의 근대와

---

23 '민족' 아니라 '지역'에 주목하는 논의로는 408쪽, 각주72를 참고할 수 있다. 또한 "「두만강」에서 형상화한 H읍의 식민자 일본인과 피식민자 한국인은 공간을 분할하였지만, H읍이라는 지역을 공유하는 존재들이었다. 일본인과 한국인이 격의 없이 어울린 것은 아니었지만, 공간을 공유하면서 갈등과 협력을 통해 지역 H읍에서 일상을 영위하였다."(303) 이는 식민자와 피식민자가 공동으로 경험한 '동물적 친근감'을 지역에 근거한 친밀성으로 전화할 가능성을 내포하는 것이었다.

24 이 책에서는 구보씨와 임화 경우를 빌려 최인훈의 전통 개념을 분석하고 있다(151 이하). 그리고 "성급한 서양 문화의 이식으로 인해, 한국 문화가 건강한 전통을 형성하지 못하고 있다고 비판적으로 진단"(『회색인』)한 이후 "1960년대 중반에서 1970년대 초반 최인훈은 현국 현대 문학의 역사 그 자체가 새로운 문화 창조를 위한 '전통'이 될 수 있다고 판단하였다."(158)고 지적한다. 저자의 분석에 따르면 본 서평의 해석은 70년대 초반 이후 그리고 무엇보다도 『화두』에서의 최인훈의 입장에 따른 것이다.

달리 완미하지 못했던 한국의 근대를 '전통'으로 구성하는 시도"(360)가 필요하다고 말할 수 있다. 그래서 부활의 형식을 갖는 최인훈의 전망은 언제나 과거를 소급하기도 하고 미래를 선취하기도 하는 자기구성의 원리를 따른다. 참다운 넓이를 갖는 새로운 가능성은 이와 같은 현재의 자기구성적 과정 속에서 비로소 가능해진다. 이렇게 본다면, 이 다중심의 시간공간 인식이 특정한 중심과 위계를 '보통'의 지평으로 다원화한다는 것은 현실을 신화적으로 인식하는 것에 다름 아니다. 제3장 「아시아의 시간」의 부제 '비서구 근대의 경험을 통한 보편성의 재인식'은 이를 지칭하는 다른 표현이다.

이런 문제설정 속에서 조명희의 「낙동강」과 『화두』가 최인훈에게 제시하는 '현실에 걸맞은 명문', '명문에 걸맞은 현실'(225 이하)의 문제의 깊이를 확인하게 된다. 저자가 주목하고 있는 사회주의라는 이념과 이상향을 준거로 한 "명문에 걸맞은 현실이란 존재하는가?"라는 화두는 '현실에 걸맞은 명문'과 '명문에 걸맞은 현실'이 교차하면서 발생하는 교차점과 좌표의 다른 이름이다. 본 서평 1절과 2절에서 주목했던 그 문제가 『화두』의 '(자기)부활'이라는 문제의식으로 부활한 것이다. 더구나 명문과 현실 간의 불일치에서 오는 고민은 『화두』와 「낙동강」의 경우에서 볼 수 있듯이 사회주의 이후에 해소되는 대신, 더욱 현실적인 문제로, 더욱 절실한 문제가 된다. 명문에 걸맞은 현실과 현실에 걸맞은 명문의 불일치와 그에 따른 새로운 좌표의 설정은 현실의 끝없는 자기구성의 원리가 되는 것이다. 『두만강』과 『태풍』 역시 이러한 명문과 현실 간의 간극을 간극인 채로 정지시키지 않는다. 오히려 아시아라는 보조선을 통해 그 간극 때문에(그 간극에도 불구하고가 아니라) 역사적인 인식을 하게 되고, 그에 따른 새로운 현실구성이 가능해진 최인훈 고유의 인식/행위의 자기포함성―이에 대해서는 본 서평 3절에서 다룬 바 있다―을 명백히 한 작품이라 할 수 있다.

아시아를 주제화하기 때문에 시선이 아시아에 국한되는 대신, 세계로 확장된다. 본 저작이 치밀하게 추적해서 독자들에게 보여주고 있는 것처럼 이렇게 새롭게 가시화된 질서는 51쪽의 그림 3 '최인훈 문학의 공간'이 보여주는 것처럼 점차 확장한다. 저자의 지적처럼 국민 국가 단위를 넘어서 광역권을 시야에 포착하더라도, "자신의 질문에 '아시아'라는 보조선을 그어"(37)서 가능해진 시선의 확장과 기존 시선질서의 전복이 있다. 저자는 아시아를 공간(2장), 시간(3장), 원리(4장)의 세 가지 맥락에서 살펴보는데, 각각의 문제의식은 각 장의 부제로 명확해진다. 아시아의 공간은 '냉전을 넘어선 평화의 상상력'이 되며, 아시아의 시간은 '비서구 근대의 경험을 통한 보편성의 재인식'이 되고, 아시아의 원리는 '연대와 공존을 기반으로 한 새로운 세계사의 원리'가

된다. 작품으로 일별해보면, 『광장』, 『회색인』, 『서유기』, 『크리스마스 캐럴』, 『총독의 소리』, 『두만강』, 『소설가 구보씨의 일일』, 『태풍』, 『화두』를 다루면서 최인훈이 당대 한국의 상황을 '동아시아 냉전 질서의 변동과 아시아의 공간', '비서구 근대의 후진성 인식과 아시아의 시간', '주변부의 세계사 인식과 아시아의 원리'로 인식하고, 체험하며, 정립해 나가는 과정을 보여주고 있다. 그리고 이는 "냉전을 분단된 국민 국가 단위로 경험해야 했던 한국에서는 국민 국가를 넘는 '문명권', 혹은 '광역권'을 어떻게 논제화해야 할지"(282)를 끊임없이 묻고 그에 대한 답을 찾아가는 과정 위에 있다.

앞서 언급했듯이 이 책은 "『광장』이 제시한 단편적인 장면들에 대한 긴 주석"이다. 여기서 우리는 '단편적인'에 주목할 필요가 있다. 이명준의 『광장』에서의 '만주' 경험을 잠깐 재현한 이후 최인훈의 소설의 공간은 한반도로 축소되기 때문이다(314). 물론 저자는 이를 냉전과 식민지라는 역사적 조건과 최인훈의 작품들을 연동시키면서, "후식민지 한국이 갈 수 있는 길, 혹은 가지 않은 길"(172 이하)을 최인훈이 시대의 변화를 선취[25]하기도 하고 소급하기도 하면서 어떻게 문학적으로 형상화하는지 그리고 시대와 역사를 재현하는

25　가령 "그는 동아시아 냉전의 제한을 넘어 식민지/제국 체제의 외부를 상상할 수 있었다. 특히 그것은 동아시아의 데탕트 직전에 발표되었다." (313)와 같은 서술을 참고할 수 있다.

지 보여주고 있다. 좀 더 구체적으로 하면, 한국이라는 식민지가 탈식민지화하면서 후식민지 한국에서 식민지 없는 민주주의가 가능한가라는 질문, 그래서 곧 비서구 (후)식민지에서 보편성이 가능한가라는 질문(202)을 『회색인』과 『총독의 소리』에서 읽어내는 식이다. 그리고 이는 『광장』이나 『회색인』의 교양소설에서는 감당할 수 없었던 역사적인 아포리아에 대한 새로운 서사적 형식을 실험하는 것에 주목하게 한다. 저자의 논의의 층위와 지평이 시대의 서기로서 최인훈이 시대의 물음을 어떻게 진단하고 그에 대해 답하고 있는지 본격적으로 따라가고 있는 대목이다. 최인훈이 작품활동을 하던 60-70년대 그리고 『화두』의 90년대 초반의 한국은 저자의 규정에 따르면 후식민지로서 식민지와 냉전이라는 조건 아래에서 근대를 경험했기 때문에 이러한 형상화의 방식은 단순히 서술양식의 변화에 그치는 것이 아니라, 그 서술을 통해서 새로운 현실을 새롭게 재현하고 이전에 볼 수 없었던 것을 볼 수 있게 하는 것이기에 중요하다. 더불어 이는 생각된 것과 생각하는 방식의 간극과 긴장 속에서 자신의 고유한 운동의 역사를 갖는다는 점에서 최인훈이 시대의 서기라는 증언이기도 하다. 우리가 여전히 최인훈을 『광장』의 작가라고 환기하는 이유도 이 작품이 가장 유명해서 라기보다는 이렇게 시대의 서기로서 생각된 것과 생각하는 방식의 긴장을 세계 인식의 전제로 삼으면서 시대와 세계 변화의 궤도를 모색하는 그 원형적인 시도가 이 책에 있기 때문이다. 우리는 『광장』으로부터의 변화와 변화 아닌 것의 통일, 『광장』으로부터 변하지 않는 범위 속에서의 변화를 통해서 시대와 세계 변화의 궤도 못지 않게 최인훈의 궤도 역시 시대와 조응하면서 함께 읽을 수 있을 것이다. 저자가 강조한 '『광장』에 대한 긴 주석'이라는 말은 이렇게 식민지와 냉전을 역사적 조건으로 했던/여전히 하고 있는 우리의 현실을 최인훈이 어떤 정신적 시력을 갖고 읽어내고 그렇게 읽어낸 것을 재현했는지, 그리고 그러기 위해서 어떤 사유와 문체의 실험을 했는지에 대한 탐색으로 고쳐 읽을 수 있다.

5. 입명의 형식과 아시아라는 이름

여기서 중요한 것은 '아시아'는 아시아인이 스스로 부여한 말이 아니라는 것이다. 유럽인에 의한 타자의 지칭이었다. 저자는 『회색인』의 독고준을 말하면서 "비서구 후진국으로 세계사에 등장하여 자신의 이름을 가지지 못한 한국의 문화적 상황이 등장한다. 한국은 자신의 '이름'을 가지지 못한 채 '동방의 XX'의 형태로만 세계사에 등재될 수 있었다."(362)라고 지적하면서 결국 『회색인』과 이어지는 『서유기』에서 시도된 불안정하고 불완전한 '자기 정위의 명제'를 확인하고 있다. 그리고 결국 아시아를 발견하면서, 즉 한국적인 것을 세계와 선진과 직접 대면시키지 않고 "한국적인 것과 아시아적인 것을 교차"시키면서 정체성을 혼종적으로 확인하는 『태풍』이 갖는 수행성을 확인한다. "'최인훈의 아시아'는 이름을 가지지 못한 타자로서 세계에 등장한 한국인이 자신의 이름을 탐색하는 과정에서, 아시아의 사회라는 지평에서 새로운 이름을 찾아가는 수행적 과정을 보여준다"(362)는 것이다. 이름을 찾아가는 이 주체성의 역사적 과정, 자기 자신을 타자의 지칭이 아닌 스스로 규정하고 스스로 지칭하는 이 과정이 곧 최인훈의 '부활'이 된다.

최인훈은 『하늘의 다리』에 대해 스스로 규정하길 "나는 이런 무정형의 공포를 우리 시대의 가장 큰 문제라고 생각한다. 인생은 언제나 어려웠겠지만, 거의 모든 시대에 그 어려움을 그것으로 견딜 입명立命의 형식이 있었다. 이 소설의 주인공은 그런 형식을 찾아 헤매는 오늘의 한국인의 한 사람이다."[26]라고 말한 바 있다. 앞서 주목한 최인훈의 문장 "사람은 바다를 마시는 것이 아니라 한 사발의 물을 마시는 것이다." 역시 이러한 '입명의 형식'을 묻는 것에 다름 아니다. 최인훈의 아시아가 그런 것처럼 이 과정은 타자에 의한 것이 아니라, 자기 스스로 이름을 부여하는 것이다. 이렇게 보면 최인훈의 아시아는 우리 자신에 대해 아시아를 매개로

---

26 최인훈, 『유토피아의 꿈』, 최인훈 전집 11, 문학과지성사, 2010, 408쪽.

한 중층적인 '환경'과의 역사적인 관계 속에서 끊임없이 우리 자신이 묻고, 우리 자신에 대한 이름을 찾아가면서 새로워진 자기를 구성해가는 과정의 다른 이름이다.

이는 발견과 발명의 뒤얽힘이기도 하다. 다시 말해서 아시아라는 이름은 아시아라는 현실을 '발견'한 것이지만, 이는 유럽에 의한 아시아의 지칭이 그랬던 것처럼 외부의 소여로 있는 아시아를 드러낸 것이라는 의미가 아니라, 그렇게 외부의 시간공간을 내부의 관점에서 '발명'했다는 의미에서 그렇다. 어느새 안과 밖의 구별이 자기 안으로 들어온다. 그 안에서 계속 안/밖의 구별을 반복한다. 자기가 그 구성의 '지역'이 된다. 본 서평이 강조한 최인훈이 말하는 '길들이고', '길러내는'이라는 두 계기를 자기 안에 포함하는 '길'이라는 문제의식은 정확히 이와 같은 발견과 발명이라는 안/밖의 뒤얽힘이 안에서 반복되는 계기가 '입명의 형식' 속에 서로를 조건으로 하면서 구속하고 있다는 점을 보여준다. 새로운 입명의 형식들을 발견해야 하고 또 발명해야 한다. '최인훈의 아시아'는 이러한 입명의 형식이라는 길 위에서 끊임없이 부활하는 우리의 자기구성의 다른 이름이다.

6. 기호적 현실과 실재적 현실의 차이, 광장과 밀실의 자기 포함적 구성

현실은 현실 그 자체로 있지 않다. 현실을 현실이라고 지칭할 수 있는, 즉 현실을 현실로 구별할 수 있는 위치가 성립할 때 실재하는 현실, 실재하는 세계가 존재할 수 있다. 역사적 현실을 현실로 구별하기 위해서는 상상적 현실, 이념적 현실과 실재하는 현실과의 차이가 필요하다. 역사적 현실이 그 자체로 역사로 있을 수는 없는 것이다. "『광장』이 제시한 단편적인 장면들에 대한 긴 주석"이라는 이 책의 자기규정으로 보면, 최인훈의 '광장'은 '저기' 현실로 고정되어 있는 공간 아니라, 밀실과의 차이로만 존재한다. 밀실이 없으면 광장은 불가능하다. '광장은 대중의 밀실이며, 밀실은 개인의 광장'이라는 규정은 현실/개인과 명문/대중, 현실/대중과 명문/개인의 전도 가능성을 포함하면서 광장과 밀실이 현실의 공간이면서 상상의 공간일 수 있는 현실성을 지칭한다. 광장이 실재하는 현실일 때 밀실은 상상적 현실 또는 기호적 현실일 수 있고, 그 반대 역시 마찬가지로 가능하다.

본 서평은 이에 대한 설명으로 최인훈에게 좌표의 의미에 주목했다. 그에게 이 문제는 '명문에 걸맞은 현실'과 '현실에 걸맞은 명문'의 차이의 문제였다. 이 두 항이 불일치하기 때문에, 또 해소불가능하기 때문에 우리는 역사와 현실에 대해 인식할 수 있고, 동시에 그에 따라 아시아를 보조선을 삼을 수 있었던 것처럼 새로운 가능성의 넓이를 확보할 수 있다. 그 공간은 꿈과 현실의 교차점으로서 최인훈이 "열려라 꿈을!"이라고 요청할 수 있는 신화적 공간이 된다. 그래서 신화는 과거의 허황된 이야기가 아니라 오늘의 지금을 우리가 다른 가능성들, 새로운 전도의 가능성을 대칭성의 지평 속에서 실천하고 행위할 수 있는 조형적인 공간이 된다. 또한 신화의 공간은 현실에 대한 기호적 서술(현실에 걸맞은 명문)과 상상에 따른 현실의 서술(명문에 걸맞은 현실)의 해소 불가능한 간극 속에서 지속적으로 조형적 질료를 확보하고 그로부터 새로운 형식을, 새로운 현실을 창출하는 공간이 된다. 따라서 이는 신화에 대한 전통적인 해석이 그런 것처럼 영웅들의 비극적인 공간이라기보다는, 비대칭성을 전도하는 대칭성을 자기부활의 형식으로 갖는 생성의 공간이 된다. 밀실이 실재하는 현실일 때 광장은 상상적 현실 또는 기호적 현실일 수 있다.

본 서평은 최인훈의 시선의 이런 인식/행위의 자기구속적인 뒤얽힘의 좌표와 그 신화적인 성격을 '길'의 문제를 통해 살펴보기도 했다. 우리는 자기 아닌 것을 길들이고, 길들인 것과 자기와의 차이 속에서, 기호적 현실과 상상적 현실의 차이 속에서 자기 안에서 길러낼 수 있는 것을 찾아가는 길 위에 있다. 시대의 서기, 최인훈은 아시아를 세계의 지평 속에서 확보함으로써 우리가 현실을 역사적 현실로, 또 상상적 현실로 인식하고 살아갈 수 있다는 점을 보여준다. 이 책의 가장 중요한 성과는 이 점을 아시아를 질문하는 최인훈에서 시작해서, '아시아의 공간', '아시아의 시간', '아시아의 원리'를 추적해가면서 설득력 있게 제시하고 있다는 데 있다. 최인훈이 아시아를 구별할 수 있게 되면서, 역사와 세계를 새롭게 관찰할 수 있게 했던 보조선이었던 것처럼, 이 책 역시 독자에게 최인훈의 작품을 읽을 수 있는 보조선을 제공했다고 할 수 있다. 우리는 이제 이 책 이후 최인훈을 읽는, 또한 최인훈이 읽어낸 세계를 다시 읽어내는 중요한 구별의 도식을 갖게 되었다.

주목하지 않을 수 없는 또 다른 이 책의 강점은 풍부한 참고문헌에 있다. 독자는 자신의 관심에 따라 참고문헌을 참고할 수 있을 뿐 아니라, 각주의 설명을 보고 새로운 학문적인, 문학적인 관심이 촉발될 수도 있을 것이다. 이는 단순히 참고문헌이 많다는 의미가 아니라, 특정한 주제를 문학에 국한하지 않고 다양한 학문들의 성과를 적극적으로 가져와서 논의를 풍부하게 하기 때문이다. 또한 비서구-(후)식민지-(탈)냉전의 역사적 조건을 갖는 우리의 현실을 최인훈의 시선과 가능한 나란히 읽어내기 위해서, 다시 말하면 최인훈이 당대에 읽어낸 것을 40-50년이 지나 당시 그리고 그간의 학문적인 성과를 참고하여 우리의 시각의 지평 앞에 두려는 시도 때문이다. 저자의 그간의 연구와 독서편력을 확인하는 것이 아니라, 오늘날 최인훈을 읽어내기 위해서, 최인훈의 사고와 작품을 번역하기 위해서는 이 정도의 지성적인 노력이 수반되지 않으면 안 된다는 사태를 보여주는 것이라고 봐야 할 것이다. 최인훈을 비서구 근대의 후진성에 대한 예민한 감각을 갖고 있다고 보는 저자는 이를 문학의 형식으로 표현하기 위해서 최인훈이 다양한 시도를 했다는 점을 보여준다. 우리는 이를 이 책의 2장에서 4장을 거쳐 확인할 수 있었다. 자신의 운행이 곧 세계의 진로였던, "국민사(史)인 것이 바로 인간사(史)인 서구 세계의 선진국"(36)과 달리 "서구의 근대와 달리 완미하지 못했던 한국의 근대를 '전통'으로 구성하는 시도"(360)가 필요한 것이다. 이를 저자는 최인훈의 '겹쳐쓰기'라고 한다. 이를 빌려 말하자면 저자의 작업 역시 최인훈을 읽어내고 번역하기 위한 '겹쳐쓰기'라고 할 것이다.

우리의 운명은 이토록 더 많은 것을 읽고, 더 많은 것을 생각하고, 더 많이 성찰해야 하는지 모른다. 제사로 인용한 "소설가는 다른 절차를 다 마친 다음에도 손으로 만져보고 눈으로 살피기 전에는 마지막 말을 해서는 안 된다."를 빌리면, 아시아를 발견하고 관찰하기 위한 가능한 많은 절차를 거치고 나서도 다시 구체적으로 확인하기 전에는 마지막 말을 하지 않는 지적인 절제와 엄격함이 겹쳐쓰기에도 요구된다고 할 수 있을 것이다. '마지막 말'은 실재하는 현실과 상상적 현실 간의 차이 때문에 흔들리는 궤도를 갖는 사북자리라는 좌표 위에서 비로소 가능하다. 하지만 이 좌표는 말로 이름을 부여할 수 있어야 한다는 점에서, 실재하는 현실과 상상적 현실의 차이를 실재하는 현실과 기호적 현실의 차이로 인식하고 동시에 행위할 수 있게 하는 자기구성의 준거가 된다. 이 좌표에 따른 길과 우리가 자기포함적인 관계에 있기 때문에 우리가 그 길을 길들이고 기르는 만큼 우리 역시 그 길을 인식하고 그 길을 살아가면서 길들여지고 길러질 것이다. 그래서 '마지막 말'은 최후의 말이 아니라 언제나 재귀적인 과정 중에 있는 말이고, 그래서 그 말은 언제나 최후의 마지막 말 바로 이전의 마지막 말일 것이다.

'세계라는 어질머리와 자기 사이에 책이라는 완충기를 가지고 있었던' 최인훈에게, '책의 페이지 위에서 아름다운 어질머리를 풀어나갔던' 그에게 2025년 우리는 오늘날 현실의 아름다운 어질머리를 풀어나가는 완충기로서 이 책을 선물처럼 받게 되었다. 더불어 이 책이 끊임없는 자기구성이라는 부활의 노래를 위한 조형적 질료가 될 수 있다고 생각한다.

김건우
독일 빌레펠트 대학교 사회학과 박사과정에서 니클라스 루만의 사회학 이론과 독일의 국가사회학을 연구하고 있다. 《교수신문》, 《대학지성》의 독일 통신원이었고, 니클라스 루만의 『근대의 관찰들』(2021), 『아르키메데스와 우리』(2022), 『체계 내 권력』(근간), 『구성으로서 인식』(근간)을 번역했고, 그 외 몇 편의 논문들을 썼다. weluhmitt@gmail.com

곁에

『안녕이라 그랬어』, 김애란, 문학동네, 2025.

김대성

깜빡이는 이야기

낯선 이들과 어울려 말과 글을 주고받는 동안 나타났던 깜빡임에 대한 이야기에서부터 시작하고 싶습니다. 2013년 8월 30일 토요일 오후 3시 부산 금정구 장전동 '카페 헤세이티'에 열세 사람이 모여 앉아 이야기를 시작합니다. 곁에 둔 책은 김애란이 펴낸 세 번째 소설집 『비행운』(문학과지성사, 2012)입니다. 두 번째 소설집 『침이 고인다』(문학과지성사, 2007)에선 이런 이야기가 나옵니다. 좁은 원룸에 들어와 좀처럼 나가지 않는 후배가 어느 날 선배에게 이야기를 들려줍니다. 아주 어렸을 적에 시외버스터미널에 자신을 버려두고 가버린 엄마가 남긴 약속 하나. '이 껌 단물이 다 빠지기 전에 엄마 돌아올게.' 혹여나 껌을 다 씹어버리면 영영 엄마가 돌아오지 않을 거 같아 껌 하나는 남겨두었다는 후배의 이야기는 이렇게 이어집니다. "그날 이후로 사라진 어머니를 생각하거나, 깊이 사랑했던 사람들과 헤어져야 했을 때는 말이에요. (중략) 떠나고, 떠나가며 가슴이 뻐근하게 메었던, 참혹한 시간을 떠올려 볼 때만 말이에요. (중략) 지금도 입에 침이 고여요."[1] 그날 밤 후배가 오래 간직해온 녹슬고 작은 상자를 열어 눅눅하고 빛바랜 껌을 반으로 쪼개어 선배에게 주고 싶다고 말합니다.

김애란은 '평범함'에 닿으려는 주변부 사람들의 발돋움에서 슬픔과 비애만이 아닌 활력까지 함께 이야기하는 드문 작가입니다. 그런 작가가 5년 만에 펴낸 『비행운』에선 사람들이 자꾸 죽습니다. 눈앞에서 죽는 건 아닌데, 언젠가 죽었다는 걸, 어디선가 죽고 있다는 걸 알 수 있어요. 〈문학의 곳간〉이란 작은 모임을 시작하는 첫 자리에 『비행운』을 놓아둔 건 누구보다 '시작'과 잘 어울리는 작가라고 여겼기 때문입니다. 그런데 김애란은 우리가 모르는 죽음에 관해 이야기하고 있었습니다. 『비행운』은 몰랐기에 누구도 슬퍼하지 않는 죽음에 다가가려는 소설집입니다.

"내가 살아 있어, 혹은 사는 동안, 누군가가 많이 아팠을 거라는 생각이 들었다. 나도 모르는 곳에서, 내가 아는, 혹은

---

1 김애란, 「침이 고인다」, 『침이 고인다』, 문학과지성사, 2007, 61쪽.

모르는 누군가가 나 때문에 많이 아팠을 거라는 느낌이."
―김애란, 「너의 여름은 어떠니」, 『비행운』, 문학과지성사, 2012, 44쪽

돌이켜 생각해보면 2013년 8월 카페 헤세이티에 모였던 이들에게 필요했던 건 '대피소'였겠다 싶습니다. 언제 무너질지 알 수 없는 곳에 모여 저마다 지닌 이야기 한 자락씩을 내어놓고 서로가 들려주는 이야기를 물 한 모금처럼 소중히 받아 마시는 사람들이 일군 곳이 〈문학의 곳간〉이란 걸 알겠습니다. 우린 다음을 약속하지 않고 헤어졌지만 지금까지 만나고 있습니다. 지금 이곳을 여전히 '대피소'라 부를 순 없지만 이야기 한 자락을 물 한 모금처럼 내어놓는 나눔은 계속 이어지고 있습니다.[2]

『바깥은 여름』(문학동네, 2017)도 〈문학의 곳간〉에서 함께 읽었습니다. 끝없이 이어지는 참사에 애도보다 혐오와 차별이 전염병처럼 곳곳에 스며든 풍경을 보았던 것 같습니다. 이번에 새로 펴낸 『안녕이라 그랬어』(문학동네, 2025)를 읽는 동안 이런 생각이 들었습니다. 이 소설집엔 '곁'이 없구나. 평범함과 보통에 가닿으려던 발돋움이 '곁'이 없는 세상에 도착했구나. 그런 까닭에 9월 말에 연 117회 〈문학의 곳간〉에

---

2 〈문학의 곳간〉에 관한 자세한 이야기는 김대성, 『대피소의 문학』(갈무리, 2019) 3부와 계간 『자음과모음』 60호(2024년 봄호)에 수록된 김대성, 「투명하게 끈질긴 힘」을 참조.

선 사람들에게 이런 제안을 한 바 있습니다. "여러분이 보살피고 꾸리는, 혹은 기댄 '곁'에 대해 이야기 한 자락을 나눠주세요. 곁이 사라진 『안녕이라 그랬어』에 여러분의 이야기를 들려주면 좋겠다 싶어요. 누군가는 오늘 들려주는 이야기를 담요 한 장으로, 물 한 모금으로 여길 테지요."

곁이 없는 세상

『안녕이라 그랬어』 가장 앞자리에 실린 「홈 파티」는 김애란 소설에서 좀처럼 보이지 않았던 '실내극' 형식을 띠고 있던 터라 새 소설집의 첫머리에 놓인 소설로 어울린다 생각했습니다. 『달려라 아비』(2005)에서 『안녕이라 그랬어』(2025)로 넘어오는 동안 변화된 작가의 삶처럼 그이가 꾸리는 작품 속 인물도 청년에서 중년으로 건너고 있는 듯 보입니다. 그런 만큼 소설 주요 공간도 자연스레 '방'에서 '집'으로 옮겨간 듯합니다. 그 사이 이들을 둘러싼 사회적 환경도 바뀝니다. IMF 이후 청년 세대에서 사회적 참사(재난)가 일상화된 현재에 이르기까지 작가 자신이 겪어내는 삶의 변화는 사회 변화와 맞물려 소설의 내용뿐만 아니라 소설의 형식에서도 적지 않은 변화를 보여줍니다. 『비행운』(2012)이 꺼지지 않은 '용산 참사'의 불타는 망루를 바라보고 있다면 『바깥은 여름』(2017)은 '4·16 세월호'에서 내리지 못한 사람들에 대해 이야기합니다. 『안녕이라 그랬어』엔 전 세계를 뒤덮은 'COVID-19'가 흐르고 있습니다. 이 시기 자가 격리와 사회적 거리두기를 소재로 하는 소설이 잔뜩 쓰였다는 점을 생각해 본다면 조금 익숙한 설정이라 여길 수도 있지만 조급해하지 않고 그간 꾸려왔던 이야기 결을 바탕으로 김애란식 안부를 전해줍니다.

「홈 파티」는 일거리가 점점 줄어들고 있지만 그럴수록 제힘만으로 풀 수 없는 일에 더 매달리는 연극배우 '이연'이 상류층(처럼 보이고 싶어 하는 이들)이 어울리는 작은 파티에 초대되어 낯선 식탁을 사이에 두고 반나절 남짓 벌인 보이지 않는 계급투쟁을 다룬 소설로 읽을 수 있습니다. '자가 격리'와 '사회적 거리두기'가 어떻게 새로운 방식의 '구별짓기'가 이루어지는 바탕(ground)이 되는지를 다룹니다. 식탁 위에서 펼쳐지는 일상적인 대화(실없는 농담, 밑도 끝도 없는 수다) 안엔 취향과 계층이 줄타기를 합니다. 「홈 파티」는 인물들의 미묘한 심리를 다룬 소품이라기보단 아직 끝나지 않은―조금 어울리지 않는 용어이긴 합니다만―김애란식 계층 투쟁의 사례로 읽을 수도 있습니다.

이번 소설집에서 '가족'이 나오지 않는 소설은 이 소설이 유일합니다. 『비행운』에선 '평범'을 향한 도약이 언제라도 '빈곤'으로 곤두박질쳐질 수 있음을 한국 사회의 구조적인 상황을 통해 생생하게 그려낸 바 있습니다. 소설집 맨 뒤에 자리한 「서른」에서 이 뇌까림을 잊기란 어렵습니다. "너는 자라 내가 되겠지…… 겨우 내가 되겠지."(「서른」, 297쪽) 굳이 나눠본다면 『바깥은 여름』에 나오는 인물들은 중산층 언저리에 놓여 있는 듯 보입니다. 그에 반해 『안녕이라 그랬어』는 계층과 신분 상승을 향한 욕망이 가로막혀 있습니다. 이번 소설집이 어깨를 늘어뜨리고 풀 죽은 톤을 띄고 있는 이유 또한 여기에 있지 않은지 생각합니다. 시시껄렁한 농담을 건네며 상대의 '신분증'을 훔쳐보려는 고약한 대화 속에서 내내 말을 참던 이연이 "어떤 연기는 꼭 끝까지 무사히 마친 뒤 무대에서 내려와야 한다는 걸, 그건 세상의 인정이나 사랑과 상관없는, 가식이나 예의와도 무관한, 말 그대로 실존의 영역임을 알았다."(39~40쪽)고 스스로 알아차리는 장면은 자신에게 주어진 '역할'과 '무대'를 뚫고 넘어선 단독자의 목소리이기에 특별히 기억해 두고 싶습니다.

「숲속 작은 집」은 '자리 잡기'에 관한 소설입니다. 서둘러 말해본다면 저는 김애란이 『비행운』까지는 '자리찾기'에 집중했다면 그 이후 소설부터는 '자리 잡기'로 무게 중심이 옮겨지고 있다고 생각합니다. 작은 차이에 불과해 보일지라도 자리를 찾는 일과 자리를 잡는 일의 거리는 상당합니다. 흥미롭게도 「숲속 작은 집」은 제자리에 있지 않은 물건을 바라보는 불안한 심리에서부터 시작합니다. 그걸 먼저 발견한 건 얼마 전 직장을 잃은 '나'입니다. 남편인 '지호'는 그런 사소한 변화를 알아차리지 못합니다. "한국에서 비행기로 일곱 시간가량 걸리는 나라의 산악 도시"에서 한 달 가까이 방이 아닌 집 한 채를 빌려 지내는 시간이 "어려서부터 몸에 밴 귀족적 천진함"(58쪽)을 지닌 지호와 달리 '나'에겐 "생애 거의 처음 누리는 사치"(51쪽)입니다. 낯선 이국땅에서 마치 세상 모든 곳이 내 자리인 것처럼 디지털 노마드 생활을 하는 것처럼 보여도 '나'는 늘 불안합니다. 넘치거나 모자랄까 봐서입니다. 이 부부가 머무는 곳은 "더도 덜도 아닌 적절함"(53쪽)으로 꾸려진 곳입니다. 어디 얼마나 머물든 주변을 잘 정돈하는 오랜 습관과 자부를 가진 '나'이지만 이곳에서는 그럴 수 없습니다. 누군가가 그 일을 대신 해주고 있기 때문입니다. 문제는 여기서부터 시작됩니다. 남편 지호와 달리 '나'는 일하는 현지인을 어떻게 대하는 게 적절한지 알지 못해 고민합니다. 어느 날부터 욕실용품이 삐뚤빼뚤 모로 서 있거나 뭔가 망가진 건 아닌데 조금 다른 점이 계속 눈에 띄고 '나'는 그게 사물을 통해 부부에게 어떤 신호를 보내고 있다고 여깁니다. 그 신호가 가리키는 뜻을 알아야 이곳에서 편하게 머물 수 있을 거 같습니다.

고민 끝에 알아낸 게 팁(tip)을 챙겨주는 것입니다. 그러나 얼마가 적절한지 판단할 수 없는 '나'는 또다시 고민에 빠집니다. '나'가 이 숙소의 안락함을 누리려면 모든 것들이 제자리에 있어야 합니다. 그래야 '나'가 디지털 노마드로서 자리를 잡을 수 있기 때문입니다. 집안을 돌보는 일꾼에게 적절한 예의를 갖추려는 애씀은 남편 지호가 엄마에게 무람없이 구는 태도와 겹쳐 있습니다. 고향집에 갈 때마다 지호가 자신의 엄마에게 돈을 쥐여줄 때 사소해 보일 수 있는 장면이 눈에 밟혔기 때문입니다.[3] '나'는 현지 일꾼에게 팁을 주는 것도 규칙에 따라야 한다고 생각합니다. 그건 현지 일꾼들이 쓰는 말(외국어)을 애써서 적어두는 것입니다. 넉넉하게 자란 지호나 "남은 생을 건강과 명상에 집중하기로 한 중년의 절제가 느껴지는 몸"(52쪽)을 가진 숙소 주인(백인 남성)과 달리 현지 일꾼과 '나'는 제자리에 있기 위해 부단히 애를 씁니다. '나'가 낯선 여행지에서 자리를 잡기 위해 얼굴을 볼 수 없던 일꾼에게 팁을 주려 쩔쩔매는 모습은 엄마로부터 '고맙다'라는 말을 들었을 때 뿌듯함이 아닌 복잡한 감정이 드는 것과 이어집니다. 여기에서 우리는 세계화된 돌봄-감정노동이 어떻게 '고맙습니다'라는 보편적인 상호 존중의 문화(commons)를 박탈하는지 소설 속에서 만나게 됩니다.

소설의 마지막 부분입니다. 기념품 가게에서 구매한 집 모형 가운데 사라진 하나를 찾지 못한 채 그곳을 떠나는 길

---

3 "문제는 내가 몇 번 지적했음에도 불구하고 지호가 봉투를 자주 잊는다는 거였다."(「숲속 작은 집」, 78쪽)

이에요. 숙소에서 마주친 적 있는 아이가 오토바이를 타고 '나'를 쫓아와 말없이 종이 가방을 건넵니다. '나'가 팁을 주기 위해 거의 그리듯이 쓴 쪽지와 비슷한 서툰 알파벳이 빼곡히 적혀 있습니다. 사라졌던 모형 집을 자신이 실수로 깨트린 것에 대한 용서를 비는 내용입니다. 똑같은 걸 찾을 수 없어 비슷한 걸 구해왔으니 숙소에서 일하던 엄마가 곤란해지지 않았으면 한다는 내용입니다. '나'가 놓아둔 팁이 그러했던 것처럼 선물을 받은 듯했지만 그건 선물일 수 없습니다. 그러니 받는 사람의 이름이 '당연히' 비어 있을 수밖에 없지요. '나' 또한 선물을 건넨 아이의 이름을 읽을 수가 없어요. 김애란은 '끝!'이라 선언하기보다는 '안녕'이라고 말하는 작가답게 작은 가능성을 열어둡니다. '나'는 "'방금 전 엽서에서 본 그 애 이름, 그중 내가 읽을 수 있는 글자가 있는 거 같은데? 분명 어디서 자주 본, 아니 자주 쓴 글잔데'"(95쪽)라는 걸 떠올립니다. 마지막으로 놓아둔 팁과 함께 애써 적은 짧은 엽서에서 본 것도 같습니다. 그걸 다시 본다면 아이의 이름도 부를 수 있을 것 같지만 넉넉하게 놓아두었던 팁을 동전으로 바꾸면서 감사 인사를 적은 쪽지를 바지 주머니 속에 구겨서 넣어버렸습니다. 구겨진 엽서를 펼치지 못해 이름을 부를 수 없는 상태, 고맙다라는 말도 건네지 못하는 상태. 「숲속 작은 집」은 우리 삶이 더 멀리 나아가고 더 넓게 펼쳐지는 동안 무엇이 사라지는지 알리는 소설이기도 합니다.

「좋은 이웃」도 그런 사라짐에 대한 소설로 읽을 수 있습니다. 앞질러 말해둔다면 여기서 사라진 건 '좋은'이 아닙니다. 사라진 건 '이웃'입니다. 외려 '좋은 이웃'이란 낱말엔 과잉과 노이즈가 스며 있습니다. '이웃'이란 말엔 이미 '좋음'이 배어 있기에 '좋은 이웃'은 이중 표기입니다. 다시금 생각해보면 이웃은 어울림과 상호부조 안에서 형성되는 것이지 '좋고 나쁨'을 가르는 것과는 어울리지 않습니다. 좋음을 드러내지 않으면 이웃이 될 수 없다는 말은 우리 곁에 더 이상 이웃이 없다는 말로도 생각할 수 있습니다. "사회 초년생도 신혼부부도 아닌, '성장'과 '단계'를 조금이나마 맛본, 이제 중년에 접어든 부부", "동시대인과 어떤 가치와 속도를 공유한다고 믿은, 그런데 그게 틀렸다는 걸 막 깨달은 사십 대"(108쪽)인 '나'는 좋은 이웃이자, 좋은 선생님, 좋은 사람으로 살아가려 애씁니다. 그런 까닭에 '공동체, 이웃, 연대'와 같은 보편 가치를 의심하지 않고 가르칩니다. 하지만 이런 보편 가치에 조건이 붙어 있다는 걸 서서히 알아갑니다. 좋은 마음으로, 도움을 주려는 애씀도 같은 자리이거나 조금 높은 자리일 때만 가치를 지켜낼 수 있다는 것을 말입니다. 일을 한다기보단 돕는 마음으로 방문하는 '시우네'가 좋은 아파트로 이사 간다는 소식을 듣고 "마주보는 건 괜찮지만 올려다보는 건 싫은"(130쪽) 마음과 마주하는 것처럼요. 내부 공사로 양해를 구하러 온 젊은 부부를 이해해 보려는 눈길도 공사가 끝난 후 드러난 그 집의 화려한 내부와 마주하는 순간 흔적도 없이 사라집니다.

여기, 버리려고 모아둔 종이상자에서 '나'가 발견한 한 권의 책이 있습니다. 조세희가 쓴 연작 소설 『난장이가 쏘아올린 작은 공』입니다. "아저씨" / 신애는 낮게 말했다. / "저희도 난장이랍니다. 서로 몰라서 그렇지, 우리는 한편이에요." 「칼날」에 나오는 문장인데, 다음과 같은 문장으로 이어집니다. "전 아저씨 같은 분이 좋아요. 방금 아저씨와 이웃해 살았으면 좋겠다는 생각을 했어요."(조세희, 『난장이가 쏘아올린 작은 공』, 이성과 힘, 2000, 54쪽) 모두가 업신여기는 난장이에게 일을 맡기는 동안 이야기를 나눈 뒤에 신애가 하는 말입니다. 이에 난장이가 화답합니다. "아이들이 다른 공장에 나가 일하게 되면 우선 돼지부터 몇 마리 살 생각입니다. 그때 한번 놀러 오세요."(54쪽) 더 가난한 이가, 도움받는 이가 도움을 주는 이를 자신의 집으로 선뜻 초대합니다. 저는 「좋은 이웃」이라는 소설 제목을 이 대목과 연결해 두고 싶어요. 이어지는 '나'의 독백은 꽤 직접적인 방식이어서 과잉으로 익히는 측면도 있지만 저는 이 독백이 "내 안에서 누구에게 하는 건지 모를 말이 쏟아져 나왔다."(141쪽)는 점에 주목하게 됩니다. '누군가'가 없기에 할 수 없던 말, 누군가가 없기에 독백이 될 수밖에 없는 말, '누군가'가 없기에 과잉으로 읽히는 말이기 때문입니다. '누군가'란 '이웃'이며 달리 말해 '곁'을 말합니다.

　　차근차근 한 편씩 계속 이야기를 이어 가보고 싶습니다. 「이물감」을 '이혼한 남자가 전 부인 주변을 바장이며 벌이는 지질한 이야기'쯤으로 볼 수도 있지만 저는 이 소설 도입부에서 '되새김질'(역류성식도염)을 하는 아들(기태)에게 '미주'가 하는 말에 주목하게 됩니다. "희주가 있었다면 진작 알려 줬을 텐데."(146쪽) 곁에 머무는 이만 볼 수 있는 게 있고 건넬 수 있는 말이 있습니다. 소설에 기태와 희주가 가까워졌던 이야기 자리는 있지만 헤어진 이유에 관한 이야기는 없습니다. 그 까닭은 만남을 '사건'으로 바라보는 것에 반해 헤어짐은 '자연사'로 보고 있기 때문이지 않을까 싶기도 합니다. 기태가 '우연히' 희주의 인스타그램 계정을 (엿)보는 장면을 비롯해 이 소설은 SNS라는 창으로 세상을 (엿)봅니다. 소설 속 인물들은 저마다 '자리'는 잡은 듯 보이지만 어디에도 마음 둘 곳은 없어 보입니다. 기태가 '차대표'를 염탐하는 눈길은 지금 우리가 서로를 바라보는 눈길과 다르지 않습니다. (마주)보기는 엿보기로, 옆집에서 누군가 나오는 소리가 들린다면 나가려던 걸음을 잠시 멈추어서 마주치지 않는 게 예의가 되고, 문 앞에 놓아두고 문자로 이를 알리는 배달 방식이 기본값이 되었기에 이제 '비대면'은 특수한 상황을 가리키는 게 아닌 새로운 표준(new normal)이 되었습니다. 그런 점에서 소설 제목이기도 한 '이물감'은 기태가 앓는 질환뿐만 아니라 서로를 바라보고 대하는 '새로운 표준'을 받아들이기 어려워하는 감정을 뜻하는 것이기도 합니다. 저는 '비대면'이라는 이 새로운 표준에 '곁이 없음'이라는 부재의 자리가 새겨져 있다고 생각합니다.

쉽고 오래된 말

생각해 보면 김애란은 새로운 언어를 배우는 이야기를 꾸준히 써왔습니다. 「그곳에 밤 여기에 노래」(『비행운』)에선 암으로 세상을 떠난 아내(명화)가 녹음테이프에 남긴 기초 중국어를 들으며 택시를 모는 용대를 그리고, 「어디로 가고 싶으신가요」(『바깥은 여름』)에선 아이폰의 인공지능 음성 서비스를 제공하는 '쉬리'와 대화를 나누는 장면이 반복해서 그려집니다. 같은 소설집에 수록된 「침묵의 미래」는 소수언어박물관을 주요 배경으로 하는데, 더 이상 배울 수 없는 언어를 애도하는 소설이라고 볼 수 있습니다. 이번 소설집의 표제작이기도 한 「안녕이라 그랬어」는 화상으로 영어를 배우는 이야기를 얼개로 삼은 소설입니다. 에코스(Echoes)라는 화상영어 교육 플랫폼 사이트를 통해 낯선 외국인으로부터 영어를 배우는 이야기를 바탕으로 COVID-19라는 환경 속에서 가족 '돌봄 노동'이 이어지는 동안 만남과 헤어짐이 남긴 흔적을 다룹니다. 이 소설도 낯선 언어(영어에 '낯선'이란 수식을 붙이는 게 겸연쩍지만요)를 배우는 동안 일어나는 좌절과 도약, 마주침과 사고를 다룹니다. "외국어 수업에는 어느 정도 성애적인 측면이 있었다. 일말의 더듬거림과 망설임, 지연과 기쁨, 찰나의 교감, 수치심과 답답함, 긴장과 해소, 갑자기 터져 나오는 웃음, 실수와 용서 등이 그랬다."(233~234쪽) 에코스(Echoes)라는 사이트 이름처럼 김애란은 희미하게 퍼지는, 흔적으로 남은 '상투'에 대해, 우리가 되풀이해왔지만 이제는 점점 희미해지는 감정의 세계를 다룹니다.

"'삶은 대체로 진부하지만 그 진부함의 어쩔 수 없음, 그 빤함, 그 통속, 그 속수무책까지 부정하기는 어려운 것 같다'고. '인생의 어두운 시기에 생각나는 건 결국 그 어떤 세련도 첨단도 아닌 그런 말들인 듯하다'고 했다. '쉽고 오래된 말, 다 안다 여긴 말, 그래서 자주 무시하고 싫증 냈던 말들이 몸에 붙는 것 같다'고."

―「안녕이라 그랬어」, 249쪽.

『안녕이라 그랬어』는 새롭게 재편되는 세상의 뉴노멀과 그 속에서 무엇이 사라지고 있는지를 가리키는 소설집이라고도 할 수 있겠습니다. 지금 우리 곁에서 사라지고 있는 것이 무언지 알아차린다는 건 아직 사라지지 않은 것이 무언지도 알아차린다는 뜻이기도 합니다. 수많은 이들이 수많은 까닭으로 주고받은 '안녕'이란 낱말이, 그 말을 건네던 목소리가, 그 주고받음이 엮은 통속적인 세계가 아직 흐르고 있습니다. '로버트'가 (결정적으로) 하려던 말을 '잔액 부족' 탓으로 듣진 못했지만 "오래전 들은 팝송에 한국어로 새 가사를 덧씌우듯" '나' 스스로 응답합니다. 듣고 싶었지만 듣지 못한 말, "안녕"이라고, 부디 평안하라고 말입니다.

「빗방울처럼」은 전세 사기를 당한 뒤 홀로 남겨진 '지수'에 대한 이야기입니다. 사범대를 나와 임용고시를 준비하던 이가 다단계로 흘러 들어가 그동안 맺어왔던 모든 관계까지 소진한 소설 「서른」(『비행운』)과 어쩐지 비슷한 분위기입니다. 죽음을 앞에 둔 이의 목소리가 흐르기 때문일 겁니다. 그러고 보니 『바깥은 여름』 마지막에 실린 소설 「어디로 가고 싶으신가요」도 죽음이 드리운 소설입니다. 이 세 소설 모두 소설집 마지막에 실린 소설이에요. 청년 김애란을 좋아하던 독자라면 김애란이 왜 이다지도 어두워진 거냐며 아쉬워할 수도 있을 거 같습니다. 어두워진 것만이 아니라고, 도시가 어두워졌을 때 비로소 하늘의 별자리를 볼 수 있는 것처럼 이 세 소설집 모두, 그리고 마지막에 실은 소설엔 끝내 여기까지 도착하려는 '응답'이 있다고 말하고 싶어요. 충격적이고 절망적인 내용 탓에 「서른」이 '나'를 잊지 않고 찾아준 '언니'로부터 받은 편지에 대한 답장이란 사실을 놓치곤 합니다. 한 아이를 구하다 목숨을 잃은 남편(도경)을 떠나보내지 못한 「어디로 가고 싶으신가요」의 '나'는 스코틀랜드에서 돌아온 날 보내는 이란이 비어 있는 편지를 받습니다. 그간 한 번도 연락하지 못한 학생(지용)의 유가족이 보낸 편지입니다. 한 번도 본 적 없고 내내 원망하고 있던 이로부터 받은 편지는 남편이 삶에서 죽음으로 뛰어든 게 아니라 '삶에서 삶으로 뛰어든' 거라는 걸 알리는 역할을 합니다. 「빗방울처럼」에도 그런 응답이 있습니다.

윗집 보일러실에서 발생한 누수 탓에 지수 집 천장이 물로 가득 찼지만 아무렴 상관없습니다. 전세 사기로 인한 스트레스와 과로로 남편이 일하다가 심근경색으로 죽었기 때문입니다. 텅 빈 이 집을 가득 채우는 건 떨어지는 물방울 소리밖에 없습니다. 지수는 그 소리를 듣다가 남편 곁으로 가야겠다 마음먹습니다. 주변 정리와 함께 윗집의 부주의로 발생한 누수에 대한 보상인 도배가 남아 있습니다. 도배를 하러 온 이는 뜻밖에도 이웃 나라 여성 일꾼입니다. 도배를 한 지 5년이 넘었고, 한국에 정착해 아이도 키우고 있다고 합니다. 통화를 듣다가 여자가 사용하는 언어가 필리핀에서 쓰는 타갈로그어라는 걸 알게 됩니다. 여자는 한국 사람만이 쓸 법한 속담과 농담도 곧잘 합니다. 낯선 나라에 정착해 살아가는 동안 익힌 유연한 지혜라고 할 수 있겠죠. 지수를 따라 안방에 들어선 여자가 천장을 바라보며 '무슨 일이 있었습니까?'라고 묻자, 지수는 저 위에서 물이 떨어졌다고 답합니다. 한국어 기초 회화 교재에 나올 법한 문어체인 '무슨 일이 있었습니까'라는 물음은 지수에게 불쑥 내민 손과 같은 안부 인사로 전해집니다. 위층에서 물이 떨어져서 그리되었다고 말하자 여자는 뜻밖의 말로 되묻습니다. "빗방울처럼요?"(263쪽) 위층에서 떨어지는 물방울은 삶을 휩쓸어간 손쓰기 어려운 무너짐에 대한 은유이기도 합니다. 그런데 이웃나라에서 온 일꾼이 그걸 '빗방울'이라고 부르니 어쩐지 받아들일 수 있는 일처럼 여겨집니다. "한국어가 모어가 아닌 이가 건넨 정중한 문장이라 한국의 그 어떤 행정 언어나 법률 언어보다 더 정직하고 따뜻하게 다가 왔던 말"(293~294쪽)인 '무슨 일이 있었습니까?'라는 물음이 그동안 자신이 누군가로부터 그 말을 얼마나 듣고 싶어 했는지를 일깨웁니다. 그제야 지수는 오래 참아왔던 눈물을 빗방울처럼 흘립니다. 이 이야기를 숨죽여 지켜본 우리 또한 무언가를 느낄 수 있습니다. 누군가가 우리에게 불쑥 손을 내미는 것처럼 쉽고 오래된 말이 건네질 때 인종, 국가, 계층을 사뿐히 넘어 의도 없이 곁을 일군다는 것을 말입니다.

『안녕이라 그랬어』(2025)에도 『비행운』(2012)과 『바깥은 여름』(2017)에서처럼 무언가 사라지고 있다는, 어쩌면 이미 사라졌다는 신호로 가득합니다. 누군가 죽었거나 죽어가고 있는 곳에서 '남들만큼'과 '남들보다'를 숨 가쁘게 오가는 동안 무언가 빠르게 마모됩니다. 이 소설집을 읽으며 '곁'이라는 낱말을 계속 떠올렸습니다. 『비행운』과 『바깥은 여름』의 마지막에 실린 소설엔 누군가가 보낸 '편지'가 나옵니다. 먼 곳에서 도착한 그 말이 가까스로 지켜내는 것이 있다고 생각했습니다. 『안녕이라 그랬어』엔 편지가 아닌 이웃 나라에서 온 일꾼이 건네는 '무슨 일이 있었습니까?'라는 물음이 있습니다. 한국어가 모어가 아닌 이가 건네는 정중한 이 한 마디가 '곁'을 지켜내고 있다는 걸, 그 말에 기대어 살고 있다는 걸 새삼 알아차립니다.

김대성
비평가. 비평집 『무한한 하나』(2016)와 『대피소의 문학』(2019)을 펴냈으며 1인 출판사 '곳간'을 꾸린다. 『문학/사상』 편집위원으로 활동한다. smellsound@empas.com

명예 남성에서 페미니스트로

『작업장의 페미니즘』, 이현경, 산지니, 2025.

장영은

1996년 서울도시철도공사에 공채로 들어간 이현경은 30년 가까이 지하철 현장에서 노동운동가로 살았다. 남초 사업장에서 살아남아야 했던 이현경에게 여성성은 거추장스러운 짐처럼 느껴졌다. 노조 민주화 투쟁, 파업 투쟁, 노동조합 간부 활동을 하면서 점차 명예남성이 되었다. 남초 사업장에서 노조 활동을 하는 여성 운동가들의 공통적인 특징이기도 했다.[1]

---

1 1981년 대한조선공사에 최초의 여성 용접사로 입사한 김진숙은 1986년 노조 대의원 선거에 나가면서부터 본격적으로 노동운동을 시작했다. 남성 중심의 금속노조 운동에서 전국적인 인지도와 영향력을 가진 김진숙의 자기 재현이 2000년대까지는 조선소 남성 노동자들과의 연대, 즉 형제 정체성을 중심으로 이루어져왔음을 분석한 연구로는 김현경·김주희, 「'(여성)노동자' 김진숙에 대한 여성주의적 독해」, 『페미니즘연구』 12(2), 2012, pp.1-28 참조. 2010년에 접어들면서 김진숙의 언

2010년대 이후 미투 운동과 강남역 살인사건 등 충격적인 사건을 겪은 젊은 여성들은 페미니즘을 공부하고 외치기 시작했다. 페미니즘 리부트라는 시대적인 변화는 이현경에게도 영향을 미쳤다. 혼자서 책을 읽는 것으로 멈추지 않았다. 민주노총 성평등 강사단 교육을 받은 후, 2021년에 성공회대학교 대학원에 입학했다. 12명의 여성 노조활동가들을 심층 면접한 내용을 바탕으로 성공회대학교 실천여성학과에 석사 학위 논문 〈노동조합 여성활동가의 페미니즘 실천과 활동가 재생산 연구-남초 사업장 사례를 중심으로〉(2023)를 제출했다. 이 논문을 보완해 2025년에 『작업장의 페미니즘』을 출간했다.[2] 제목 그대로 노동자성과 여성성이라는 교차적 주체성의 문제를 자신의 삶과 동료 여성 노동

어는 확연하게 달라졌다. 김진숙은 2011년 한진중공업의 정리해고를 막기 위해 크레인 위로 올라가 고공 농성 중 전화 연설에서 "비정규직과 해고된 노동자들, 장애인들, 성적 소수자들, 여성들, 등록금 해결 못하는 학생들, 짓밟히는 삶들"을 직시할 것을 요구했다. 이와 관련해서는 허소희·김은민·박지선·오도엽, 『종이배를 접는 시간-한진중공업 3년의 기록』, 삶창, 2013, p.124 참조.

2 「'남초 사업장'에서 '주변적 존재'로 여겨진 여성들..."여성성 무시해도, 나는 여성 노동자"」, 『경향신문』, 2025.4.30., https://www.khan.co.kr/article/202504301115001 참조. 이현경은 경향신문과의 인터뷰에서 "여성성이 극명하게 드러나는 역할 수행을 이유로 활동을 정리하는 것은 '여자는 어쩔 수 없어'라는 고정관념을 강화하리라 생각해 극도로 경계"했으며, "현장에서는 여성이 아닌 노동자로서만 행동하려" 했다고 회고했다.

자들의 경험으로 즉 여성 노동자의 언어로 이야기한 책이다.

여성 노동자의 페미니즘이 곧 여성 노동자의 자기이론을 구축하는 과정임을 이현경의 작업을 통해 다시 한번 확인할 수 있었다. 로런 포니에는 "자기이론을 하나의 선동으로 간주하고 접근"하며, "자기, 자기들을 이론과 통합해서 하나의 단일한 용어로 만들려고 하는 시도 자체"가 정치적인 행위임을 주장한 바 있다.[3] 이현경은 자신의 경험을 공부와 글쓰기의 출발점으로 삼으며 동료 여성들의 구술을 폭넓게 확보했다. 건설 현장, 철도·지하철, 자동차 등 제조업 대공장의 "기본값은 남성이다. 사업장의 공간 배치, 주 업무와 보조 업무의 구분, 작업 도구 등 현장에 필요한 모든 것은 남성 노동자의 신체와 동선을 기준으로 만들어져 배치되고 구

---

3   자기이론은 직접적이고 자기 인식적인 방법으로 이론 및 철학과 자서전을 통합하려는 문학, 글쓰기, 비평의 작업을 기술하기 위해 21세기 초에 등장한 용어이다. 로런 포니에는 자기이론을 오늘날 문화 생산의 시대정신 내에 존재하는 어떤 것에 관여하려는 자의식적인 방식으로 정의하며, 스페이시 영의 자기이론을 아래와 같이 소개한 바 있다. "영은 자기이론이 '자서전과 이론적 성찰을 결합하고, 억압과 저항의 역사들 안에 자기 자신을 편입시키길 고집하는 자서전 저자들의 태도를 받아들인다'라고 말했다." 이현경의 『작업장의 페미니즘』은 자서전적 글쓰기로 분류하기 어렵지만, 저자 자신과 12명의 여성 노동운동가들의 자기 기술지로 자서전적 글쓰기의 한계 즉 자아를 신비화하거나 발명하는 문제에 봉착하지 않는다. 자기이론과 관련해서는 로런 포니에, 『자기이론-자기의 삶으로 작업하기』, 마티, 2025, pp.13-41.

성"되어 있었다.[4] "남초 사업장에 진입한 여성 노동자는 매우 이질적인 존재, 남성 다수의 공간에 침입한 낯선 존재로 취급"당했고, "여성 노동자는 낯선 공간에서 배제를 극복하고 스며들기 위해 짜맞춰져 있는 기준대로 자기 몸과 생체리듬, 사고와 판단을 재구성해야 했다."[5] 여성 노동자들은 남초 사업장에서 살아남기 위해 최선을 다했지만, "노동시장에서 여성이 겪는 유리천장, 경력단절, 성차별"을 경험했다. 이현경은 입사 초기 현장관리자들로부터 "여자한테 여기보다 더 좋은 직장이 어디 있냐? 여자들이 이 직장 아니면 나가서 마트 캐셔밖에 더 하겠냐"라는 말을 수시로 들었다고 한다.[6]

1980년대에 여성 노동자는 결혼과 함께 퇴직하는 것이 당연시되었지만, 1987년에 남녀고용평등법이 제정되면서 법적 차별은 철폐되었다. 하지만, 기혼 여성의 퇴사를 '관행'으로 여기는 기업문화는 사라지지 않았다는 것이 이현경의 비판이다. 일례로 심층면접에 참가한 H는 1997년에 현대정공에 입사한 동기가 "한 26명에서 27명" 정도 되지만, "사무실에 있는 여직원들은 결혼을 하면은 바로 퇴사를 해야 하는

---

4 이현경, 『작업장의 페미니즘』, 산지니, 2025, p.44. 이하, 저자 이름과 페이지수만 표기.
5 이현경, p.44.
6 이현경, p.44.

불문율이"⁷ 있었다고 밝혔다. IMF의 여파로 기업 구조조정이 진행될 때, 해고 1순위는 기혼 여성이었다. 사무직 여성의 해고가 높다는 것이 현장 기술직의 안정성을 보장하는 것은 아니었다. 이현경은 건설 현장에서 일하는 E와의 인터뷰에서 건설 현장에 '5계급'의 노동자가 있음을 기록했다. 그 내용의 일부를 인용하면 다음과 같다. "우리 여성 조합원 중에 한 분이 이제 그런 얘기를 하더라고요. "우리 현장에 한 다섯 개 계급이 있어. 여성이 마지막이야."⁸ 저자의 분석에 따르면, 건설 현장에서 한국인 남성 노동자는 이주 노동자와 여성 노동자의 진입과 승진 등을 결정하는 권력을 가지고 있기 때문에 "남성의 영역에 진입한 절대적 소수자인 여성이 자기 존재를 인정받고 동료로 승인받기 위해서는 기존의 남성적 질서와 행위를 자신이 능숙하게 수행할 수 있음을 증명"해야 하고, 이 과정에서 여성 노동자는 자신의 "여성성을 탈각하고 명예 남성"⁹이 된다는 것이다.

   이현경은 작업장의 남성 중심적인 구조 못지않게 노동조합의 가부장적인 질서를 비판했다.¹⁰ 중앙 집중화된 조직

---

7   이현경, p.52.
8   이현경, p.62.
9   이현경, p.63.
10 강인순 또한 민주노총 조직의 성차별적이고 남성 중심적인 문제를 지적한 바 있다. 강인순·이옥지, 『한국 여성 노동자 운동사2』, 한울, 2001, pp.366-67참조.

인 노동조합의 총연맹인 민주노총의 집행부 임기는 통상 2년 또는 3년 주기로 바뀌는데, 여성 임원은 집행부 선거에 직접 출마해서 당선되는 경우도 있지만 할당제로 선출되거나 임명되는 경우가 더 많다. 또한, 여성 노동조합원이 여성 할당제로 임원이 되더라도 현장에서 실질적인 역할과 권한을 갖지 못하는 현실을 개선해야 한다는 문제를 제기했다. 저자의 지적처럼, 노동조합 내부에서의 역할들은 성 편중적으로 분담되어 왔다. "노동조합의 정책, 노동안전, 조직, 쟁의 관련 업무는" 대체로 남성들이 담당하는 반면, 여성들은 "홍보, 선전, 여성, 총무, 교육 관련 업무를"[11] 주로 맡았다. 남성들이 노조에서 핵심적인 역할을 맡는 것은 특별하지 않지만, 여성들은 특별한 자질을 발휘할 경우에 제한적으로 인정받는 경우가 대부분이라는 것이다.

특히, 노조 위원장 중심의 의사결정 구조는 문제적이다. "노동조합 회의 기구에서 대립하는 다양한 의견의 최종적 결론이 "위원장을 믿고 집행부에 힘을 실어달라"는 위원장의 한마디로 정리되는 경우가 비일비재"[12]하지만, 여성 간부들은 단체교섭 석상에서 교섭위원으로 참여하기조차 어려웠다. 2023년에 남초 사업장 노조에서 최초로 여성활동가가

---

11 이현경, pp.86-87.
12 이현경, p.95.

교섭위원으로 교섭 테이블에 앉게 된 것만 보더라도 알 수 있듯이, 여성 노동자들은 교섭을 주도하거나 교섭에 참여하지 못한 채 교섭의 결과를 통보받아왔다. 이현경은 위원장 중심주의하에서 남성 위원장을 "정점"으로 구성원들이 성별 및 직책에 따라 위계화되는 노동조합의 젠더 위계적 질서를 문제의 원인으로 분석한다.[13] 같은 맥락에서 "젠더 폭력이라는 규정이 작업장 내 젠더 갈등을 유발"[14]시킬 수 있다고 여기거나 피해자의 조합 가입 여부로 입장을 달리하는 등의 태도를 '조합주의의 연장'으로 비판하며, 2022년 9월 신당역 살인사건과 콜센터 노동자 정규직화 추진 등을 문제 삼았다.[15]

이와 같은 이중 삼중의 딜레마 속에서 여성 노동운동가들은 "풀리지 않는 답답함을 해소하기 위해" "닥치는 대로 페미니즘 책을 읽거나 여성 노동자 네트워크에서 함께 공부"[16]하며, '페미니스트'가 되었다. 이현경은 페미니스트인 여성활동가가 이룬 가장 중요한 성과를 다음과 같이 평가했다. "페미니스트 여성활동가가 여성 노동자를 조직하는 과정의 핵심에 페미니즘이 있다는 것, 그렇게 여성 노동자를

---

13 이현경, p.95.
14 이현경, p.109.
15 이현경, pp.110-111.
16 이현경, p.147.

페미니스트 여성활동가로 조직하고 있다는 점이다."[17] 이현경은 여성 노동자 페미니즘의 미래를 낙관했다. 전적으로 동의한다.

그럼에도 불구하고 『작업장의 페미니즘』을 관통하고 있는 노동자성과 여성성의 갈등과 긴장에 대해서 언급하지 않을 수 없다. 이현경은 한 인터뷰에서 자신이 추구하는 '여성 노동자 페미니즘'의 개념을 아래와 같이 설명했다. "여성 노동자 페미니즘은 여성 노동자가 중심에 서서 현장에서 만들어가는 페미니즘을 의미합니다. 아직 이론적으로는 정립하지 못한 개념이지만, 저의 고민은 '여성 노동자 페미니즘'이라는 것이 나의 계급성을 탈각시키거나 노동계급 운동의 중요성을 부인하는 경로를 의미하지 않는다고 생각해요. 노동자성과 여성성, 계급운동과 여성운동이 각각 동등하다라든가, 동일 선상에 있다라든가, 어떤 선후의 관계로 봐야 된다라든가, 그런 것이 제가 취할 수 있는 입장은 아니라는 지점에 와 있다고 생각합니다."[18] 이현경의 '여성 노동자 페미니즘'은 계급과 페미니스트가 따로 놓여 있지 않음을 노동자의 언어로 여성의 언어로 설명하고자 한다. 노동계급 여성의 해방을 위한 이현경의 수행적인 연구와 글쓰기는 현재 진

---

17 이현경, p.178.
18 「'여성 노동자 페미니즘'으로 모두의 평등과 해방을」, 『참세상』, 2005.3.7., https://newscham.net/articles/112314 참조.

행형이다. 남초 사업장의 여성 노동자 연구에서 출발한 여성 노동자 페미니즘은 중소기업의 여성 노동자들, 비정규직 여성 노동자들, 자영업 여성 노동자들로 이어질 것이다. 『작업장의 페미니즘』에서는 차량정비, 전기 보수, 역무, 타워크레인, 먹반장, 형틀목수, 자동차 생산, 물류담당 해상 컨테이너 최적화코디네이터, 식음료 생산 업무를 담당하는 남초 사업장의 여성활동가 10명과 대표적인 여초 사업장인 학교와 병원에서 교사와 간호사 일을 하는 여성 활동가 2명이 인터뷰 대상으로 선정됐는데, 이현경의 후속 작업에 참여하게 될 여성 노동자가 누구일지 궁금하다.

『작업장의 페미니즘』은 한국 사회에서 노동자성과 여성성의 교차라는 난제를 풀어내려는 자기이론의 출발점으로 평가될 것이다. 이현경은 남초 작업장에서 여성 노동자가 구조적 차별 속에서 집단적으로 경험한 자기부정을 극복하고 페미니스트로 성장했는지를 이야기하며, 여성 노동자 페미니즘이 노동운동의 희망임을 증언했다. "결국 나는 노동자이고 여성인, 여성 노동자 페미니스트가 되었다."[19] 스스로 선언한 것처럼 여성 노동자 페미니스트 이현경이 "작업장에 여성 노동자의 자리를 만들고 일터의 남성 중심성을 바꾸기

---

19 이현경, p.6.

위해 고투하고 있는 여성들의 이야기"[20]에 매달리는 이유는 간단하다. 노동현장의 페미니즘, 여성 노동자의 페미니즘에 미래가 달려 있기 때문이다. 머지않아 페미니즘의 이론과 실천이 '일터'에서 결합될 것이다.

---

20 이현경, p.7.

장영은
여성문학 연구자, 성균관대 동아시아학과 초빙교수. 저서로 『변신하는 여자들-한국 근대 여성 지식인의 자기서사』(2022), 『글 쓰는 여자들의 특별한 친구』(2023) 등이 있음.

정기구독/후원 안내

정기구독

1년 구독권	3만 원
2년 구독권	5만 원
3년 구독권	7만 원
5년 구독권	10만 원
평생 구독권	50만 원
발송비	산지니 부담(해외구독 별도)

구독 안내

- 『문학/사상』은 연 2회 발간되며, 상·하반기 각각 1회 출간되어 발송됩니다.
- 2년 구독권부터 산지니 도서 1권 증정됩니다.
- 정기구독은 최신호부터 적용됩니다.

정기구독 신청방법

 아래의 링크 또는 QR코드 → 구독 신청서 작성 및 제출 → 구독료 입금 → 신청 완료
구독신청 폼: https://m.site.naver.com/1kQmi

아래 계좌로 입금하신 후 전화나 이메일로 주소, 연락처를 알려주세요.

전화	051-504-7070
이메일	san5047@naver.com
부산은행	154-01-005889-7 (강수걸)

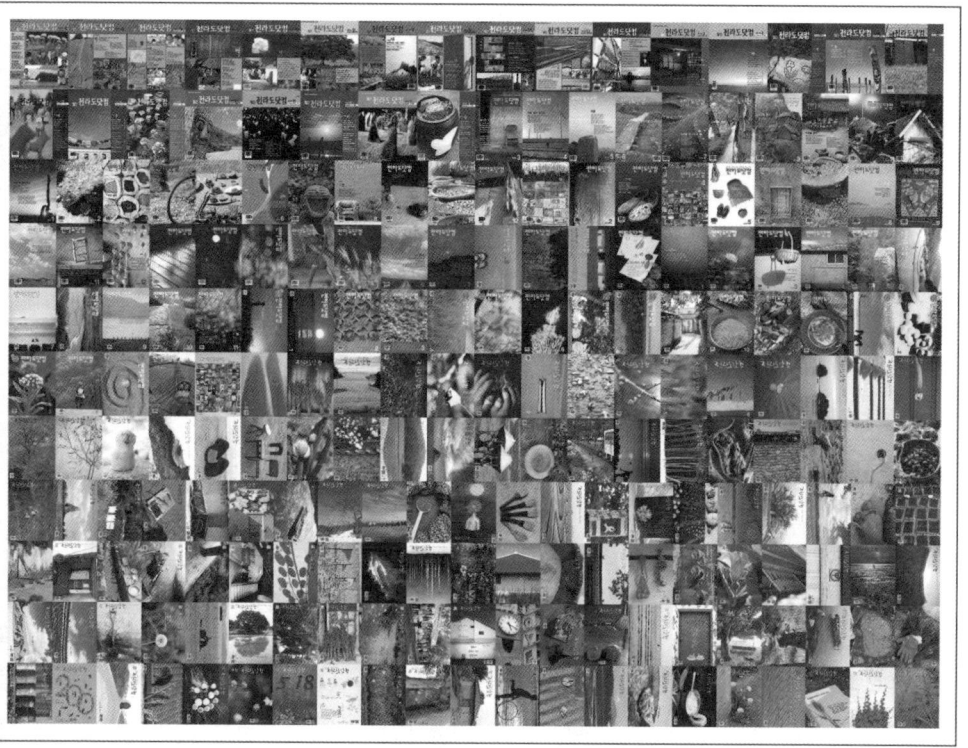

한 분의 독자를 기다립니다

오늘 아니면 담아내지 못할
전라도의 명장면과
전라도의 말씀들을 기록하는 전라도닷컴.

당신이 좋아하는 딱 한 사람에게
전라도닷컴을 권해 주세요. 선물해 주세요.
한 분의 독자들이 모이고 모여
전라도를 지키는 힘이 됩니다.
전라도닷컴엔 너무나 소중한 그 한 사람을 기다립니다.

전라도 사람·자연·문화가 있습니다 월간 전라도닷컴

구독신청   전화 062-654-9085 / 홈페이지 www.jeonlado.com
구 독 료   매달 자동이체 10,000원 / 1년 120,000원 / 2년 230,000원

자전적 서사를 통해 전달되는 작가의 소명
문학과 예술의 위기를 바라보는 날카로운 시선
문학의 지향을 묻고 그 답을 찾는 유익서 소설집

김형의 뒷모습
유익서 소설집

272쪽 | 19,000원

여든을 넘긴 선생님의 언어는 통영 바다에서 헹군 듯 명징하고 날카롭다. 다시 읽으면 꼭 그런 것만도 아니다. 선생님의 웃음처럼 따뜻하고 부드럽기도 하다. 『김형의 뒷모습』은 선생님이 통영에 뿌리를 내리고 키운 일곱 말(馬)이다. 소설의 길도 세상의 길도 그 안에 있다. _정영선 소설가

한산도와 통영에서 그가 찾고자 하는 삶의 양식은 여전한 수행의 과정으로 나타난다. 그 도상에서 만난 소설집 『김형의 뒷모습』은 작가의 작품을 다시 읽어야 할 계기를 만들기에 충분하다. _구모룡 문학평론가

유익서

1974년 한국일보 신춘문예에 「부곡」이 가작, 1978년 중앙일보 신춘문예에 「우리들의 축제」가 당선되어 문단에 나온 후, 고도의 상징과 알레고리로 문제적 현실을 적실히 재현한 소설과 우리 전통음악의 우수성과 고유한 아름다움의 근본을 밝힌 소리 3부작을 출간했다. 이주홍문학상, 성균관문학상, 류주현문학상 등을 수상했다.

산지니 www.sanzinibook.com   페이스북·트위터·인스타그램 @sanzinibook

어제보다 힘든 오늘을 견디며
내일을 준비하는 이들,
절망을 버티는 마음과 그 이후의 삶

상처를 껴안고도 앞으로 나아가는, 작지만 단단한 마음을 그리다

224쪽 | 18,000원

뿔피리

조미형 소설집

조미형
2006년 국제신문 신춘문예로 등단하면서 작품 활동을 시작했다. 2019년 현진건 문학상 추천작에 「각설탕」이 선정됐다. 지은 책으로 『씽푸춘, 새벽 4시』, 『바다가 걱정돼』, 『맨날 놀고 싶어』, 『해오리 바다의 비밀』 등이 있다.

작가 조미형의 소설은 '펀치력'이 세다. 강하고 얼얼하다. (…) 조미형의 새 소설집 '뿔피리'를 읽다 보니, 작가가 펼쳐 보이는 세상의 이런 험하고 악한 모습이 어쩌면 우리가 살아가는 이 세계의 본질일 수 있다는 생각이 든다. 그렇다면 이 땅의 보통 사람, 약한 이들, 피지배의 자리에 선 인간은 어떻게 맞서야 할까? 아니, 우선은 어떻게 살아남아야 할까? 이런 물음은 이 소설집이 독자에게 주는 선물이다. _국제신문

산지니 www.sanzinibook.com 페이스북·트위터·인스타그램 @sanzinibook

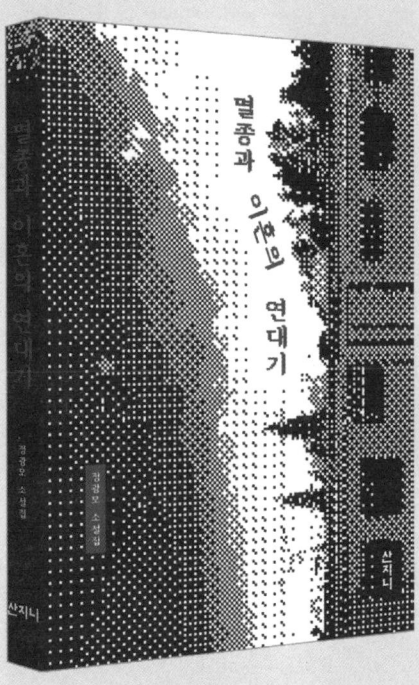

**과거와 미래, 현실과 가상을 넘나들며
역사적 사실과 창조적 세계관을 연결하다**

새로운 가능성을 향해 전진하는 인류의 서사를 담은 네 편의 모험

고스트 테스트

황인규 소설

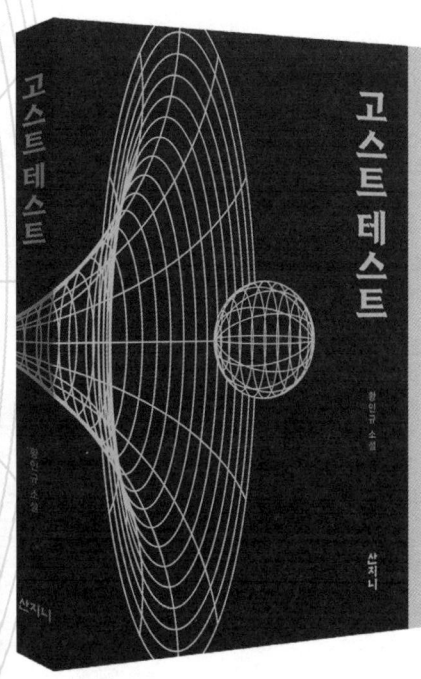

296쪽 | 19,800원

이번 신작에서 황인규는 역사적 인물과 사건을 재현하는 데서 그치지 않고 과거의 흔적이 현재와 미래의 인류에 어떤 메시지를 남기는지를 탐구한다. (...) 황인규는 이처럼 시대와 공간을 넘나드는 서사를 통해 인간 존재의 본질을 성찰하게 한다. '고스트 테스트'는 SF적 상상력과 역사적 사실을 교차시켜 독자에게 새로운 시공간 속 모험을 체험하게 하는 동시에 지금 우리가 직면한 고민과 미래의 가능성을 성찰하게 만든다. _경기신문

황인규

2004년 영남일보·구미문예대전 대상으로 작품 활동을 시작했다. 장편소설 『디고』, 『사라진 그림자』, 『마지막 항해』, 『책사냥』, 장편르포 『신발산업의 젊은 사자들』 등을 썼다. 2002년 CJ문학상, 2019년 해양문학상을 수상했다.

산지니 www.sanzinibook.com 페이스북·트위터·인스타그램 @sanzinibook

1945년 해방부터 2020년대 팬데믹까지,
한국 사회의 어제와 오늘을 소설로 엮어내다

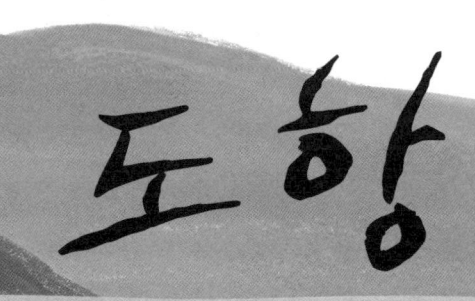

역사 속에 묻힌 진실과 거대한 체제의 폭력에 희생된 평범한 사람들의 이야기를 복원해내는 것, 우리가 조갑상의 소설을 읽어야 하는 이유이다. _한국일보

요산문학상과 만해문학상을 수상한 작가 조갑상의 다○번째 소설집. 1945년 우키시마호 침몰 사건을 다룬 표○작, 1972년 유신헌법 국민투표를 둘러싼 이야기 '19○년의 교육', 형제복지원 사건을 바탕으로 그곳에서 자○된 폭력을 고발하는 '이름 석 자로 불리던 날' 등 한국 ○현대사를 소재로 한 작품들이 묶였다. _한겨레

등단 45주년 맞아 한국현대사의 굴곡을 담은 소설집 ○간, 일곱 편의 단편을 시대배경 순서로 수록. _연합뉴스

나직나직 들려주는 개인사에 귀 기울여, 현대사의 큰 ○을 만나다. _국제신문

272쪽 | 18,000원

조갑상
1980년 동아일보 신춘문예에 단편소설 「혼자웃기」가 당선되어 작품 활동을 시작했다. 장편소설 『누구나 평행선 너머의 사랑을 꿈꾼다』 『밤의 눈』 『보이지 않는 숲』을 냈으며, 소설집에는 『다시 시작하는 끝』 『길에서 형님을 잃다』 『테하차피의 달』 『병산읍지 편찬약사』가 있다. 일반 저서로는 『이야기를 걷다』 『소설로 읽는 부산』 등이 있다. 요산문학상과 만해문학상 등을 수상했다.

산지니 051-504-7070 www.sanzinibook.com   페이스북·트위터·인스타그램 @sanzinibook